KB217398

식별력과 책임의
성교육

부모와 교육자가 먼저 알아야 할
성교육의 상식과 진실

식별력과 책임의
성교육

이광호 지음

좋은땅

　이 책은 2018년 한 해 동안 가톨릭 평화신문에 연재한 칼럼들을
세 가지 대주제 ① 미디어 리터러시, ② 책임, ③ 여성의 존엄성과
생명의 절대성으로 구별하고 재구성한 성교육 안내서입니다. 신문
에서는 지면의 한계로 자세히 설명할 수 없었던 내용을 보충하여
2020년 7월에 발간을 목전에 둔 상태에서 4년 가까이 출간을 미뤘
습니다.

　그 이유는 그 당시 강하게 일어난 페미니즘 운동이 한국 사회 특유
의 강한 쏠림현상과 결합하면서 서로 다른 가치에 대한 토론이나 대
화가 불가능한 상황이 되었기 때문입니다. 한국 낙태의 절대 다수는
도망간 남자의 문제 때문에 발생합니다. 그런데 우리 사회는 임신에
대한 남성과 국가의 책임을 법제화하는 논의는 전혀 하지 않았고,
낙태권을 법으로 보장했습니다. 도망간 남자의 문제를 낙태로 해결
하는 인류 역사 최초의 국가가 된 것입니다. 임신과 인간 생명에 대
해서 국가도 남성도 여성도 아무런 책임을 지지 않는 사태를 만들고

도 그것이 진일보한 결정이라고 전언론이 칭송했습니다. 그 연장선 상에서 성교육도 책임과 절제보다는 동의와 피임으로 대변되는 청소년의 성관계 권리가 우선시되었습니다. 이 모든 사안들이 성적 자기 결정권이라는 명분으로 정당화되었기 때문에 그 당시에 이 책은 출간을 하더라도 사장될 상황이었습니다.

지금 한국 성교육의 지배적인 주제는 피임이 되어 버렸습니다. 신문, 방송, 언론, 유명 유튜브 채널을 보면 우리도 미국이나 유럽처럼 청소년들에게 콘돔을 자유롭게 나눠 주고 부모가 자녀들에게 콘돔 사용법을 알려 줘야 한다는 목소리가 압도적으로 높습니다. 심지어 공영방송에서도 초등학생 자녀에게 엄마가 콘돔 사용법을 설명할 수 있어야 자녀 성교육을 정확히 잘하는 것이라고 가르치고 있습니다. 그런데 과연 선진국에서 자국의 청소년들에게 피임 교육만 시킬까요?

이 책은 현재 한국 성교육의 여러 주제들의 사실 관계를 확인해 드립니다. 현재 유행하는 성교육과는 정반대의 입장에서 성교육의 대안을 제시합니다. 한 사안을 두고 대립하는 양측이 있다면 각각의 이야기를 충분히 들어봐야 개인이 올바른 선택을 할 수 있습니다. 한국은 성교육조차 사교육화되었고, 학교 성교육 담당자는 전문가가 아니기 때문에 성교육은 외부 전문가에게 맡겨야 한다는 이상한 여론도 강하게 형성되어 있습니다. 그래서 교사도 부모도 학생도 모두 혼란스럽습니다. 우리 사회가 애써 감춘 성교육의 진실을 이 책을 통해 접하시면 그 혼란의 상당 부분이 사그라들 것입니다. 또한 성교육까지 돈을 들여서 사교육을 시켜야 할 필요가 없다는 사실을 깨우치게 되실 겁니다.

이 책은 가톨릭 평화신문에서 제게 50회 칼럼 연재를 의뢰해 주신 덕분에 출간될 수 있었습니다. 여러 우여곡절을 겪으며 제 원고를 읽고 다듬어 주신 박수정 기자님, 글 내용에 맞는 멋진 그림을 그려 주신 문채현 디자이너님, 또 그 그림을 이 책에 사용할 수 있도록 허락해 주신 사장 신부님께 감사의 인사를 올립니다. 한국에서 페미니즘과 낙태권 운동이 거세게 진행되고 거의 모든 언론이 그 편에 서 있을 당시에 생명과 책임의 관점에서 쓴 글이라서 신문사로 적지 않은 항의와 반대가 들어왔습니다. 그러나 이 칼럼을 1년 동안 완주할 수 있게 배려해 주셨습니다. 그 감사의 인사를 올립니다. 한없이 부족한 제가 온 마음을 다해서 쓴 이 책이 진실을 찾는 분들께 희망의 빛이 될 수 있기를 간절히 바랍니다.

2024년 4월 이광호 올림

목차

1장

미디어 리터러시(media literacy) 성교육이란?

2장

대한민국 성교육에서
책임을 가르칠 수 있으려면?

3장

여성의 존엄성과 생명의 절대성 회복을 위한 성교육

미디어 리터러시
(media literacy)
성교육이란?

"미디어 리터러시는 중요한 정도가 아니라, 인생의 결정적인 요소가 될 것이다. 미디어 리터러시의 학습 정도에 따라 내 자녀가 대중매체의 도구가 될 것인지 대중매체를 도구로 사용할 것인지가 결정되기 때문이다."

미국 언론인 린다 엘러비(Linda Ellerbe)

영상매체 시대의 성교육, 어디서부터 시작해야 할까?

성적 가치관은 어떻게 형성될까? 독일의 작가 마틴 발저(1927~2023)가 "우리는 우리가 읽는 것으로 만들어진다."라고 했는데, 인쇄문화 시대에는 분명히 맞는 말이다. 그 시대 사람들은 대체로 책을 통해서 사상과 가치관을 형성했기 때문이다. 그렇다면 현시대는 어떨까? 지금도 책의 시대일까? 물론 책은 여전히 존재하지만 책보다 훨씬 더 강력한 힘을 가진 TV, 인터넷, 스마트폰으로 대표되는 영상매체가 등장했다. 이런 영상문화 시대를 살고 있는 사람들은 읽는 것이 아니라, 보는 것을 통해 만들어질 가능성이 매우 높다.

그런데 문제는 책을 통해 자주 접하는 내용과 영상매체를 통해서 자주 접하는 내용이 천양지차로 다르다는 데 있다. 청소년들이 책이라는 인쇄매체를 자주 접한다면 주로 인문고전을 읽을 가능성이 높다. 그러나 청소년들이 영상매체를 자주 접한다면 영화, 드라마, 뮤직비디오, 광고, 포르노그래피와 같은 상업적 영상물을 압도적으로 소비하게 된다. 이건 누구도 부정할 수 없는 사실이다.

지배적 매체가 획기적으로 바뀌었기 때문에 젊은 세대의 성적 가치관에도 엄청나게 큰 변화가 생기는 것은 당연한 결과이다. 이것은 단순한 세대차가 아니라, 영상매체가 형성해 준 완전히 새로운 성의식인 것이다. 이렇기 때문에 우리는 영상매체의 속성과 그 안에 담기는 성과 관련된 내용을 정확하게 이해해야만 한다.

영상매체의 무서운 각인 효과

부모교육 특강 때 드라마의 한 장면을 사진으로 보여 주고 이 장면에서 나오는 대사를 물어보면, 40~50대 어머니들이 거의 모두 정답 "이 안에 너 있다."를 정확히 말한다.

20년 전 드라마(〈파리의 연인〉 2004년)의 한 장면을 보고, 기억력이나 학습능력이 후퇴하는 연령대의 성인들이 정확히 그 대사를 기억해 내는 것인데, 이를 보면 영상매체의 각인효과가 얼마나 강력한가를 실감하게 된다. 성인이 이 정도라면, 무엇이든지 잘 흡수하는 어린이 청소년들이 하루 종일 스마트폰을 들여다본다는 것은 무엇을 의미할까? 이는 영상물 제작자가 아이들의 무의식에 자신들이 원하는 메시지를 조각칼로 새겨 넣고 있다는 뜻이다.

대학의 교양 수업에서 20대 대학생들에게 여러분이 원하는 이상적인 첫 키스를 자세히 써 보라고 하고 시간 3분을 준 후, 한 사람씩 모두 발표시키면 매우 재미있는 일이 발생한다. 여학생의 70%는 '눈 내리는 날 가로등 불 밑에서'라는 비슷한 답을 한다. 발표자가 네다섯 명이 넘어가면 모두가 깜짝 놀란다. 그 내용이 상당히 유사하게 나타나기 때문이다. 남학생은 두 부류로 나뉜다. 절반은 '골목길에서'라고 답하고 또 절반은 '자동차 안에서 해야 한다'라고 답한다. 왜 이렇게 이상적인 첫 키스에 대한 답이 획일적일까? 그 자리에서 학생들에게 자유토의를 시키면 즉석에서 답이 나온다. 어려서부터 일상적으로 본 영화, 드라마, 뮤직비디오, 광고에서 낭만적이고 이상적인 첫 키스의 전형을 무의식에 이렇게 각인받았기 때문인 것이다.

내 아이는 안전할까?

무의식 안에 들어가서 자리를 잡고 내용은 전문가가 빛을 비춰 들춰내 주기 전까지 본인은 그 존재조차 알 수 없지만, 그것이 인간 행동의 상당 부분을 지배한다는 것은 분명한 사실이다. 무섭지만 매스미디어 시대에는 이런 정교한 행동 조작이 얼마든지 가능하다.

수없이 쏟아지는 영화와 드라마는 낭만적인 연애의 환상을 어린이 청소년들에게 반복해서 주입한다. 연애하면 놀이동산도 가야 하고, 극장도 가야 하고, 사귀기 시작해서 며칠이 지나면 특정 이벤트를 해야 하고, 여행도 가야 한다고 끊임없이 가르친다. 그렇게 여행 가서 해가 지면 어디를 가야 하냐고 대학의 수업에서 물어보면, 대학생들은 웃으며 MT라고 말한다. 멤버십 트레이닝(membership training)이 아니라 모텔(motel)이다. 같은 질문을 제주의 여고 1학년 특강 때 하니, 전교생이 일제히 '펜션'을 외쳤다. 제주에는 펜션이 많고 육지에서 여행 온 젊은 커플들이 펜션에 오는 것을 익숙하게 접했기 때문일 것이다. 영화와 드라마가 보여 주는 연애에 성관계가 당연하고 자연스럽게 포함되어 있기 때문에 이런 영상물을 통해서 배운다는 의식 없이 성을 배운 세대는 연애하면 성관계는 당연히 하는 것으로 여기게 된다.

영상매체 세대의 무의식에 '이성교제=성관계', '연애=성관계'라는 등식이 자리를 잡은 것인데, 기성세대는 이런 현상을 이해하기도 어렵고 인정하기는 더더욱 어렵다. 부모나 교육자 대상으로 성교육 특강을 할 때 이런 사실을 알려 드리면, 납득이 되지 않는다는 표정을 지으시는 분들이 계시는 경우가 있다. 특히 교장단 특강 같은 관리자 대상 강의 때에 이런 현상이 많이 나타난다. 그런 때는 "이해가 안 되시면 외우셔야 합니다."라는 말을 덧붙이기도 하는데, 인쇄문화의 영향권 아래서 살아온 50대 이상 세대에게는 '이성교제 안에 성관계가 당연히 포함되어 있다.'는 가치관과 성행동은 도무지 이해하기 어려운 일이다. 상대적으로 젊은 부모 세대는 이런 현상을 인정하기는 한다. 그러나 극히 일부의 일탈일 뿐 '내 아이는 그렇지 않아!'라고 단정한다. 부모는 현실을 직시하는 것이 불안한 것이다. 이런 무지와 불안감 때문에 실효성 있는 교육적 대안이 마련되기가 상당히 어렵다.

초고속 인터넷과 와아파이의 역습

그런데 아이들이 성을 영화와 드라마를 통해서만 배울까? 우리나라는 초고속 인터넷이 가정집 안방까지 다 들어와 있고, 무제한 사용이 가능한 전 세계 유일 국가다. 이 초고속 인터넷을 통해서 이미 빛의 속도록 확산되어 버린 것이 무엇일까? 포르노그래피다. 상황이 이렇기 때문에 우리나라는 1인당 포르노 소비량이 전 세계에서 압도적 1위다. 뉴스위크 인터넷판(2011.2.6.)에 '1인당 포르노 산업 매출 1위 국가는 한국'이라는 기사가 대서특필된 적이 있다. 초고속 인터넷과 어디서나 연결되는 와이파이 덕분에 대한민국은 1인당 포르노 소비량 세계 1위가 될 수밖에 없다.

그렇다면 우리는 포르노를 어느 정도로 소비할까? 해외 포르노 업자가 대한민국 검찰에 저작권 소송을 걸 정도로 소비한다. 실제로 2009년에 헤비 업로더 수천 명이 고소를 당한 적이 있다. 포르노 제작사가 대규모의 저작권 소송을 제기하는 경우는 전 세계적으로 그 유례가 없는 매우 특이한 일이다. 그만큼 우리나라의 포르노 소비가 심각하다는 뜻이다. 대한민국 어린이 청소년들은 세계에서 포르노를 제일 많이 보는 아이들인 것이다. 성을 환상적으로 상품화는 드라마, 영화 그리고 포르노그래피를 통해서 성을 배워 버린 세대는 성관계라는 문턱을 쉽게 넘을 수밖에 없다.

미국과 유럽보다 훨씬 더 성에 개방된 대한민국

페이스북에서 큰 인기를 끌었던 표준 연애진도표다. '첫 경험 나이 19.4세, 첫 키스 나이 18.2세, 평균 사귄 후 첫 키스까지 시간 6.7일, 평균 사귄 후 잠자리까지 시간 29.3일' "대한민국 평균 미달인 녀석들 반성해라" 하니 댓글이 "나도 ××", "다 합격"이고, '좋아요'가 24,553건 공유가 838건이다. 연애하면 한 달 안에 성관계하는 것이 연애의 기본 공식이 되어 버린 현실을 잘 반영해 주는 게시물이다.

　한 달 안에 성관계가 이루어지면 그 연애가 지속되지만, 그렇지 않으면 삐꺽거리다가 깨진다. 대학생 청년만 그런 것이 아니라, 빠른 아이들은 중학생부터 그렇다. 그런데 이 자체가 잘못된 성문화라고 알려 주는 성교육이 우리나라에 거의 없다. 그냥 콘돔만 주면 모든 문제가 해결된다는 환상을 주입하는 교육이 대한민국 성교육의 상당 부분을 차지하고 있는 것이다.

　상황이 이렇다 보니 청소년 첫 성경험 연령이 지속적으로 내려가서 2014년에는 12.8세까지(청소년건강행태온라인조사) 내려갔고, 그 이후에도 지금까지 해마다 13세 전후를 기록하고 있다(13.6세 2018년). 이 수치는 성경험이 있는 청소년들만의 평균 연령을 산출한 것이지만, 성이 개방되었다는 미국이나 유럽보다 우리가 더 낮다. 우리는 미국이나 유럽이 우리나라보다 성에 훨씬 더 개방적이라고 생각하는데, 1980년대까지는 그랬지만 지금은 정반대다. 성개방으로 전 세계에서 가장 유명한 나라인 네덜란드 청소년의 첫 성경험 연령이 2010년도 이후에 18세 이상으로 올라갔다. 2017년도에 조사된 네덜란드 청소년의 첫 성경험 연령은 다음 통계가 보여 주듯이 18.6세다. 이와 비교하면 우리 사회는 상당히 심각한 문제를 품고 있는 것이다.

2017년 네덜란드 청소년 성경험의 행위와 나이 통계
https://www.statista.com/statistics/716825/sexual-experience-youth-in-
the-netherlands-by-act-and-age

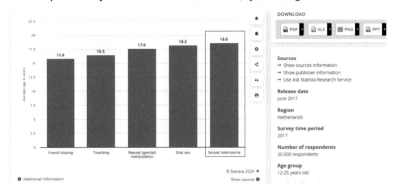

그렇다면 우리는 어떤 교육과 사회적 대책을 마련해야 할까? 거대 피임 산업과 유착되어서 그들의 지지를 받거나 그들이 주도하는 피임 교육이 아닌, 상식적이어서 오히려 낯설고 생소한 교육적 대

안이 절실히 필요하다. 그것이 바로 미디어 리터러시에 기초를 둔
식별력과 책임의 성교육이다.

왜 미디어 리터러시(media literacy) 성교육인가?

정확한 진단이 필요한 청소년 성문제

"서울시 여성가족재단은 지난해 서울 여고생 2,043명을 대상으로 성건강 현황을 조사한 결과, 성병 고민이 있다는 응답도 9.9%에 달했다."(경향신문 2013.8.2. 기사 중)

이 기사를 보면 여고생의 10%가 성병 고민이 있다는 사실을 알 수 있다. 성관계를 하지 않았다면 성병이 생길 수가 없기 때문에 이 수치는 여고생 중 최소 열의 하나는 성관계를 하고 있음을 뜻한다. 성병을 의심하는 상황을 보면, 파트너가 여럿일 가능성이 높다. 백의하나, 천의 하나가 특정 행동을 하면 그것은 개인의 문제다. 이런 개인의 어려움은 그 아이 하나만 잘 가르치고 잘 돌보면 해결된다. 그러나 열의 하나가 특정 행동을 한다면 이것은 개인의 문제가 아니라 문화의 문제, 구조의 문제이기 때문에 개인들에게 콘돔을 나누어 주는 단순한 방법으로는 해결할 수 없다. 이는 그 뿌리를 정확하게 파악해서 체계적으로 접근해야 하는 중대 사안인 것이다.

> "청소년 상담 최다 고민은 여친 임신 여부, 고민 상담의 80%는 여학생인
> 데 가장 많은 상담 내용이 원치 않는 성관계 요구에 대한 대처법이다. '사
> 귄 지 넉 달이 됐는데 사랑하면 할 수도 있는 거 아니냐, 다른 커플들은 다
> 한다'라며 압박을 준다는 고민이다."(동아일보 2016.1.6. 기사 중)

이 보도에서는 상담 기관에 여친의 임신 사실을 털어놓은 남자 중
고생들이 많다는 사실과 여친에게 성관계를 강요하는 남학생들이
많다는 사실을 알 수 있다. 이는 사귄 후 한 달 정도면 성관계를 해
야 한다고 영화나 드라마를 통해서 무의식적으로 성을 배워 버린 세
대에서 쉽게 관찰되는 현상이다. '연애=성관계', '이성교제=성관계'
가 성을 상품화하는 상업적 영상물이 청소년들 무의식에 각인시킨
성적 가치관이고, 이런 생각이 말과 행동을 이끌어 가기 때문에 성
관계 문턱을 넘는 청소년들이 이전의 인쇄문화 시대와 비교해서 폭
발적으로 증가하게 되었다. 그 결과 청소년들 사이에서 임신, 낙태,
미혼모, 성범죄 등의 사건이 급증하는 것은 당연한 인과율(因果律)
인 것이다.

피임 교육이 정답일까?

이런 병리 현상에 대해서 상당수의 언론은 성교육 전문가의 말을
인용하면서 청소년 피임 교육을 강화해야 한다는 처방을 내놓는다.

학교 보건실에 콘돔을 국가예산으로 구입·비치하고 보건교사가 그것을 무료로 나눠 줘야 한다는 뜻이다. 피임(避妊), 말 그대로 임신을 피한다는 뜻이다. 성관계는 자유롭게 하면서 책임을 피하는 기술을 가르치면 정말로 이 문제가 해결될까? 피임 교육은 표층적인 대증요법(對症療法)이지, 절대로 근원적인 처방이 될 수 없다.

청소년 성문제가 왜 이렇게까지 악화되었을까? 이는 우리 사회의 사회·문화·경제적 요인이 복합적으로 작용한 결과다. '이것이 원인이다.'라고 하나를 특정할 수는 없다. 그러나 감수성이 예민해서 무엇이든 잘 흡수하고 내면화하는 어린이 청소년들에게 성을 쾌락 일변도로만 주입하는 미디어에 큰 원인이 있는 것은 분명한 사실이다. 그렇다면 청소년들에게 콘돔을 먼저 줄 일이 아니라, 미디어에 그 원인이 있기 때문에 미디어에 근거한 성교육의 대안을 제시하는 것이 합리적이고 이상적인 처방이다.

미디어 리터러시(media literacy) 성교육이란?

그래서 필요한 대안이 미디어 리터러시 교육이다. 미디어가 참말을 하는지 거짓말을 하는지를 잘 분별해서 참말이면 받아들이지만, 거짓말일 경우에는 그것이 왜 거짓인지 현실과 비교·대조하여 비판하고, '진실은 이것이다'라고 미디어를 활용하여 주체적인 의견을 표현할 수 있는 능력이 바로 **미디어 리터러시**다.

미디어 리터러시(media literacy)란?

리터러시(literacy)는 글을 읽고 쓸 수 있는 능력으로 인쇄매체 시대에 필수적인 지적 능력이다. 문해력(文解力) 또는 문식력(文識力)으로 번역된다.

미디어 리터러시는 리터러시의 연장선상에 있는 개념으로 쉽게 말해서 미디어를 읽고 쓸 수 있는 능력이다. 인쇄매체만이 아니라 모든 매체와 그 매체로 표현된 내용을 이해하며 주체적으로 판단하고 매체를 활용해서 표현하는 소통 능력을 뜻한다.

미디어 리터러시는 영상 복합매체 시대에 필수적인 지적 능력이고, 소비사회와 상업적 영상물이 성을 상품화하고 성의 의미를 왜곡하는 이 시대에 부모와 교육자들이 우선적으로 갖추어야 하는 교육적 자질이다.

이런 미디어 리터러시를 성교육과 결합시키면, '영화, 드라마, 뮤직비디오, 광고, 포르노에서 보여 주는 대로 연애하고 성관계까지 하면 정말로 그런 상업적 영상물이 보여 주는 것처럼 낭만적이고 행복한 삶을 살 수 있는가?'를 따져 보게 하는 성교육이 탄생하는데, 이것이 바로 미디어 리터러시 성교육이다. 이는 생물학적 성교육이나 단순한 피임 교육이 아니라 청소년들이 성에 대한 통합적인 안목을 가질 수 있도록 도와주는 인문학적 성교육인 것이다. 대한민국의 어린이 청소년들에게는 학년에 맞게 단계별로 이런 통합적인 성교육이 꼭 제공되어야만 한다. 그 이유는 아래 사례를 보면 충분히 납득할 수 있다.

남친이랑 하기로 했어요. 피임 방법좀요.

전 16살 여잔데요, 제가 긴 고민 끝에 남친이랑 그걸 하기로 했는데욥, 저 처음인데 야동에서 나오는 것처럼 하면 되나요? 괜찮겠죠? 좀 무섭긴해요. 그리고 콘돔 말구도 피임방법좀 자세히 알려주세요!

포털 사이트의 지식인 게시판이나 10대 성고민 게시판에 가면 이런 글들이 수두룩하다. 이 중학교 3학년 여학생은 이 글을 쓴 후 남친과 성관계를 했을까? 안 했을까? 필자의 교육 경험상 이 여학생은 성관계를 했을 가능성이 매우 높다. 그렇다면 성관계 이후에 이 여학생은 남친과 신혼생활 같은 깨가 쏟아지는 즐겁고 행복한 학교생활을 할 수 있을까? 절대 불가능하다. 성관계 후에 이 여학생에게는 지옥문이 열린다. 피임을 해도 '임신일까? 아닐까?' 한 달에 한 번씩 엄청 불안해할 수밖에 없고, 또 남친은 지속적으로 성관계만 강요하지 여친과 고민을 나누면서 책임을 질 생각이 없기 때문이다.

그러나 여학생들은 이런 진실을 잘 모른다. 왜 모를까? 가르쳐 주는 곳이 없기 때문이다. 영화, 드라마에서는 성관계를 수백 번을 해도 절대 임신하지 않는 행복한 모습만 보여 주고, TV의 피임약 광고나 피임 교육 단체들이 하는 성교육은 콘돔, 피임약만 쓰면 모든 문제가 해결될 것 같은 환상을 반복하기 때문에 여학생들이 정확한 사실에 근거한 정보를 제공받기가 상당히 어렵다. 충분한 지식과 정보를 가진 상태에서 자신의 행동을 선택해야 하는데, 피임 일변도의 편향된 이야기만 듣고 등 떠밀리듯이 성관계 문턱을 넘고 나서 고통의 바다에 빠지는 여학생들이 상당히 많다.

"많이 예상을 했어요. 임신을 한 거 아닌가, 계속 걱정을 했는데도 불구하고 딱 보니까 테스트기에 딱 두 줄이 나오는 순간 진짜 그걸 보고 막 울었어요. 어떻게 해야 하나, 진짜 많이 울었어요. 애를 지워야 하나 말아야 하나 고민을 했어요. 공부도 못 하고, 진짜 빨리 죽고 싶다는 생각을 했어요. 원래 그 시간이면 야간자율학습을 하고 있을 시간인데, 나와서 멍하게 있으니까 혼자 있는 느낌, 그냥 세상에 저 혼자 있는 것 같고. 진짜 뭐 하고 살아야 하나?"(SBS 〈그것이 알고 싶다〉 715회, 선생님 학교에 다니고 싶어요. 고3 임산부 혜원이의 선택 2009.5.9.)

고등학교 3학년 여학생의 절절한 고백인데, 예능 위주로 편성된 방송에서는 이런 진실을 잘 보여 주지도 않고, 이런 진실은 황금시간대를 피해서 밤 11시에 방송되기 때문에 청소년들이 잘 볼 수도 없고 보지도 않는다.

우리가 서울 도심 그 복잡한 곳에 자동차를 몰고 나가면 쉽게 주차할 곳을 찾을 수 있을까? 거의 없다. 그렇다면 드라마 주인공은 어떨까? 그들에게는 주차할 곳이 항상 있다. TV가 보여 주는 세상과 실제 세상이 다르다는 사실을 청소년들에게 분명히 인식시켜 주는 교육이 꼭 필요하고, 이것이 바로 미디어 리터러시 교육이다. 영상물이 성을 극심하게 왜곡하기 때문에 성교육에 미디어 리터러시가 반드시 도입되어야 한다. 상업적 영상물이 보여 주는 성과 실제 성이 다르다는 명백한 사실을 알려 주는 교육이 피임 교육보다 우선되어야만 하는 것이다.

성교육! 피임일까? 책임일까? ①

저 임테기 좀 봐주세요! 제발요

임테기: 임신 테스기의 줄임말
막생: 마지막 생리의 줄임말

저는 고등학교 1학년이고, 남자친구는 대학생인데요. 4월 00일 날 관계를 하게 되었습니다. **막생**은 3월 00일부터 3월 00일까지였구요. 처음은 아니었지만 어쩌다 보니까 정말. 솔직히 엄청 불안했는데, 남친 말로는 임신하려는 부부들도 6개월에서 1년 정도 계속 시도하는데 임신 잘 안 되는 사람 많다고, 한 번에 되면 기적인 거라고 걱정하지 말라고 해서 '그래 괜찮을 거야.'라고 생각했는데, 혹시나 해서 토요일날 학원 갔다오면서 임테기는 샀었거든요.

근데 저녁에 갑자기 친척네 가서 자고 오는 바람에 일요일날 못 하고 오늘 학교 가기 전에 아침에 일어나자마자 임테기를 했고요, 처음 해 본 거여서 설명서대로 했는데, 이 정도면 임신이 맞는 건가요? 두 줄 나온 것 같긴 한데, 둘 다 진한 색이 아니라 연한 분홍색이라서 아닌 것 같기도 하고, 임신 아니겠죠? 연하면 아닐 수도 있다는데….

아직까지 아무한테도 말 안 했어요. 엄마아빠한테는 당연히 말 안 했고, 남친한테도 그냥 평소처럼 연락했는데 혹시 진짜 임신 맞다면 남친한테 말했을 때 남친이 피하거나 연락 안 받거나 하면 어떡하죠? 제가 임테기 하기 전에 "아주 만약에 아기 생기면 나 책임질 거지?"라고 물어봤는데, "응. 책임져야지. 근데 임신은 진짜 아닐 거야." 이런 식으로 말해서 확신이 안 서요.

남친 집은 아직 못 가봤지만 어디 사는지는 알고, 남친 전화번호랑 집 전화번호는 아는데, 아주 혹시 남친이 연락 안 받거나 피하거나 그런 상황이면 남친 집에 찾아가거나 남친 집으로 전화하면 되겠죠? 게시판 가끔 보면 임신일 때 연락 끊거나 도망간다는 글을 봐서 그런데 다른 것보다 그게 제일 걱정돼서 그런데, 보통 도망가거나 피하게 되면 아버지로서 책임지게 할 방법이 있나요? 그리고 저 임신 맞는 건가요? 지금도 정신이 없어서 제가 뭘 쓰는지도 잘 모르겠네요. 그리고 만약에 진짜 임신이면 어떻게 해야 하는지 좀 알려 주세요. 정신없고 하루 종일 가슴이 뛰어서 뭘 어떻게 해야 할지 하나도 모르겠어요.

판에글을 처음써보는데 이런걸로쓰게될줄은몰랏네요……

저는 고등학교1학년이고 남자친구는대학생인데요…

4월12일날 남자친구와 관계를하게되었습니다..

막생은3월22일부터 3월27일이엿구요…

처음은아니었지만 남자친구가 어쩌다보니까 정말…

솔직히엄청불안했는데 남자친구말로는 임신하려고하는부부들도 6개월에서 1년정도 계속시도하는데도 임신잘안되는사람많다고… 한번에되면 기적인거라고 걱정하지말라고해서…

그래 괜찮을거야라고생각했는데… 그래도혹시나해서 토요일날 학원갔다오면서 임테기는사놨었거든요..

근데 토요일날 저녁에 갑자기 친척네가서 자고오는바람에 일요일날 못하고.

.오늘 학교가기전에.. 아침에 일어나자마자 임테기를 했고요

처음해본거여서 설명서에 쓰여있는 방법대로햇는데 이정도면임신이맞는건가요?…

두줄나온것같긴한데 둘다진한색이아니라 연한분홍색이라서 아닌것같기도하고…아니겠죠?

연하면아닐수도있다는데……

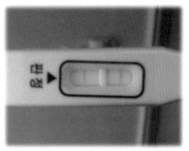

엄마 아빠와 한 집에 살면서 아침에는 학교, 저녁에는 학원에 가는 평범한 여학생이 익명 게시판에 쓴 글이다. 원문의 사진을 보면 임신이 확실해 보인다. 이 중대한 사실을 "엄마 아빠한테는 당연히 말 안 했고"에서 보듯이, 딸의 임신을 부모는 끝까지 모르거나 알더

라도 제일 늦게 안다. '우리 애는 그렇지 않아!'라는 태도로 현실을 인정하지 않은 결과다.

이 여학생은 자신과 비슷한 처지에 있는 여성들이 쓴 글을 두루 읽어 본 후에 임신이 확인되면 연락을 두절하는 남친들이 많다는 사실을 알게 되었고, "다른 것보다 그게 제일 걱정돼서 그런데, 보통 도망가거나 피하게 되면 '아버지로서 책임지게 할 방법'이 있나요?"라고 묻는다. 지푸라기라도 잡고 싶은 것이다. 어떻게든 성관계만 해놓고 임신이 확인되면 도망치는 남자들이 우리나라에 무수히 많다는 분명한 사실을 이 여학생이 예방 교육을 통해서 미리 알았다면 이 고등학교 1학년 여학생이 대학생 오빠와 쉽게 성관계 문턱을 넘었을까? 아마도 그 성관계 제안을 거절했을 가능성이 높다.

그러나 일은 벌어졌다. 그렇다면 이 여학생이 질문한 법, 즉 미성년자라 할지라도 임신과 출산에 대해 아버지로서의 책임을 다하게 하는 법이 우리나라에 있을까? 없다. 거의 모든 OECD 국가에서 강력하게 시행되는 '미혼부 책임법' 혹은 '양육비 책임법'이 우리나라에만 없다. 그러니까 한국에는 책임의 성교육을 시킬 수 있는 법적 사회적 토대가 전혀 없는 것이다.

자유만 있고 책임은 없는 한국인의 성(性)

한국은 임신과 관련한 남성과 국가의 책임이 법제에서 완전히 누락되어 있는 반면, 성적 자유는 무한대로 열려 있다. 그렇다면 어떤 일이 벌어질까? 청소년을 포함한 한국 남녀는 성관계가 자유이고 권리라고만 생각하고 쉽게 성관계를 한다. 그 후 임신이 확인되면 대다수의 남친은 도망치고 여성은 비참한 처지에서 낙태로 떠밀리게 되는데, 현행 낙태죄는 여성과 의사만을 처벌하기 때문에 여성은 두 번 죽임을 당하게 된다. 이런 사회문화적 미비로 인해서 한국에는 큰 한(恨)이 맺힌 여성들이 무수히 많다. 그래서 우리나라가 큰 한을 품은 사람들이 모여 사는 대한(恨)민국이 되었고, 이런 억울함을 가진 분들이 낙태죄 폐지를 거세게 요구하고 있는 것이다. 주류 언론은 낙태죄 폐지 목소리만 증폭시킬 뿐, 남성과 국가의 책임을 묻는 미혼부 책임법이 우선적으로 필요하며, 거의 모든 선진국에 이 법이 있다는 사실은 언급조차 하지 않으니 이는 더 놀라운 일이다.

　이런 양육비 책임법의 부재 때문에 한국에서 발생하는 기현상은 또 무엇일까? 피임이 최선의 성교육으로 자리를 잡으면서 성은 그저 임신만 안 하면 되는 쾌락의 도구로 왜곡된다. 피임 산업이 '책임을 피하는 기술(피임)'이 유일하고 완벽한 성교육인 것처럼 온 나라를 속이고 있는데, 정작 국민은 자신들이 속고 있다는 사실을 인식조차 못 하고 있다. 호랑이 없는 산에 토끼가 왕이 되듯, 책임이라는 진실이 은폐된 세상에서 책임을 피하는 편법이 정석(定石)으로 호도되고 있는 것이다. 그렇기 때문에 문제는 계속 반복·악화된다.

성교육의 핵은 피임이 아니라 책임

임신했어요

안녕하세요? 저 18살 여고딩입니다. 저 정말 어떻게 해야 될까요? 잠도 안 오네요. 임신한 지 얼마 안 됐어요. 근데 더 힘든 건 애 아빠 되는 사람이 누군지 확실하거든요. 근데 헤어진 사이라 연락도 못 하고, 안 좋게 헤어졌는데 그래도 연락하는 게 좋겠죠? 애 아빠가 싫다 해도 제 핏줄이 섞여 있는 내 새끼이기 때문에 제가 책임지고 절대 낙태를 하고 싶지는 않네요. 남친이 책임진다는 말에 혹해 버렸네요.

생명을 책임지겠다는 여학생의 소중한 생각을 현행법은 전혀 보호해 줄 수 없다. 지금까지 살펴본 청소년 성관계에서 완전히 빠져 있는 중요한 주제 하나가 무엇일까? '책임'이다. 청소년들 머릿속에 '책임'이라는 단어는 있는데, 그 단어에 포함된 개념은 전혀 없는 것이다. 왜 이렇게 되었을까? 청소년들은 영화, 드라마, 뮤비, 광고 등을 통해서 성을 배운다. 상업적 영상물이 보여 주는 성의 세계에는 책임의 내용이 전혀 없다. 고의적으로 다 삭제되어 있는 것이다. 그렇기 때문에 영상물을 통해서 웃고 즐기면서 성을 배워 익힌 세대의 무의식에는 책임의 가치가 존재할 수 없다. 이런 상태에서 성관계 문턱을 넘는 청소년들이 많기 때문에 임신, 낙태, 영아유기, 영아살해 등의 사건이 대규모로 발생할 수밖에 없는 것이다.

그렇다면 성교육은 청소년들에게 무엇을 우선적으로 깨닫게 해줘

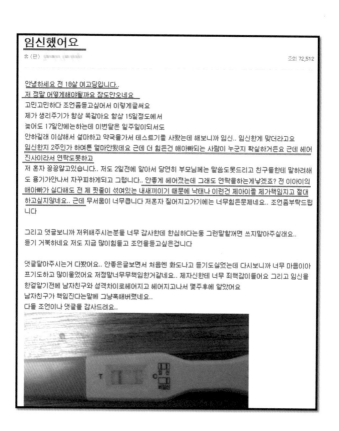

야 할까? 깨달음 ①은 남녀가 성적으로 결합하면 생명이 잉태된다는 '자연법'이다. 이 대자연의 순리를 인위적인 피임이 결코 막을 수 없다는 분명한 사실을 알려 줘야 한다. 그래서 성교육의 첫 번째 주제는 생명이 된다. 그렇기 때문에 깨달음 ②는 성관계에 반드시 책임이 따라야 한다는 '윤리'다. 따라서 성교육의 두 번째 주제는 책임이 된다. 그리고 책임의 파트너십이 남녀 사이에서 우러나오려면 그 둘이 서로를 인격적으로 존중해야 하기 때문에 깨달음 ③은 연애하면 당연히 할 일이 성관계가 아니라 상호 신뢰를 쌓는 일이라는 '행동원칙'이다. 따라서 성교육의 세 번째 주제는 인격이 되는 것이다. '생명', '책임', '인격' 이 세 주제가 '피임'보다 백배는 더 중요한데, 피임 산업이 주도하는 성교육은 이 진실을 은폐 · 삭제하고 그럴 듯해 보이는 거짓을 진실처럼 둔갑시키고 있다. 여기에 큰 교육적 오류가 있는 것이다.

성교육! 피임일까? 책임일까? ②

진짜로 100%가 없다니까

서인영(이하 서): 순결 얘기를 왜 이렇게 많이 하는 거야? 진짜야?

강균성(이하 강): 처음부터 지킨 게 아니라, 뒤늦게 깨달은 거지.

서: 좋은 사람을 만났어. 그러면 정말 경험할 수 없는 거야?

강: 경험 못 하지. 지금은. 지금은 내가 마인드가 그러니까. 경험을 하려
면 결혼해서 경험하는 거야.

서: 진짜 좋은데?

강: 진짜 좋으니까 결혼해서 경험하는 거지.

서: 그럼 오빠는 진짜 좋아하면 바로 결혼할 수 있다고?

강: 그런데 그 진짜 좋은 거라는 감정이라는 안개가 한 번은 걷혀져야 되
거든. 그래서 어느 정도의 시간이 필요해. 안개가 걷혀졌는데도 그 사
람을 향한 뭔가가 이 안에 있는 게 있어.

서: 그때까지 그럼 여자가 원할 수도 있잖아? 참아야 돼?

강: 그게 서로 마인드가 안 맞는 거야.

서: 진짜? 다른 건 다 맞는데…….

강: 그럼 내가 잘 이야기해줘야겠지. 조금만 참아달라. 결혼해서 하자.

서: 그럼 뽀뽀도 안 돼? 아니 입에 키스 이런 거.

강: 뽀뽀 돼!

서: 아! 그 순결을 얘기하는 거야?

강: 사실 이겨낼 수 있는 실력이 없어. 그래서 피해야 하는 거야.

서: 그럼 뭐야, 오빠 여기서 좋은 사람 만나면 어떡해?

강: 좋은 사람을 만난다는 걸 피한다는 게 아니라, 둘이 그런 상황이 벌어질 만한 상황을 피한다구. 예를 들어, 단둘이 여행을 가거나. 밤늦게 누구네 집에서 만난다거나.

서: 그럼 남자친군데, 여행도 못 가?

강: 당일 날 빨리 와야지. 잠을 안 자고 와야지.

서: 그렇다면 정말 불편한 여행이네.

강: 잠을 잘 거면 각 방을 쓰든지 해야겠지. 안 그러면 못 참으니까. 그런데 이 생각을 왜 하게 되었냐 하면, 사랑을 나눈다는 것 자체가 둘만의 즐거움만이 있는 게 아니라, 하나가 또 더 있는 거야. 생명으로 연결되는 거. 거기에 대한 책임감이 중요해.

서: 그건 조절할 수 있잖아?

강: 뭘 조절해. 야! 그게 너 그거 100% 피임이 없어. 피임에는 100%가 없어. 진짜루. 100%가 없다니까!

서: 어렵다 근데.

강: 되게 어려워. 100%가 없다니까.

〈썸남썸녀〉(SBS 2015.5.19. 방송)의 한 대목이다. '서'는 남녀가 연애를 시작하면 곧바로 여행도 갈 수 있고, 또 당연히 성관계도 해야 한다는 입장이다. 반면에 '강'은 성관계가 필연적으로 생명과 연결되기 때문에 생명을 책임질 수 있는 신뢰의 관계가 되기 전까지는 삼가야 한다는 입장이다. 이 둘은 강하게 충돌한다. '강'의 입에서 생명과 책임이라는 단어가 나오자마자 '서'는 "조절할 수 있잖아?"로 맞선다. 피임으로 임신은 얼마든지 막을 수 있기 때문에 성관계를 주저할 필요가 없다는 뜻인데, '강'은 크게 웃으며 '100% 피임은 없다.'로 응수한다. "성관계는 반드시 책임의 길로 가야 한다."는 진실의 언어가 대한민국 공중파 TV 예능에 나온 최초의 사례다.

진실은 왜 전파되지 않을까?

조금만 생각해 보면 '강'의 말이 진실임을 쉽게 알 수 있다. 그렇다면 교육 현장에서 이러한 진실이 잘 전파되고 있을까? 성교육에서 생명과 책임의 주제는 거의 언급되지 않는 반면, 피임 교육은 왕성하게 퍼져 나간다. 왜 그럴까? 돈이 지배하는 자본주의 사회의 속성을 알면 이 기현상을 쉽게 이해할 수 있다. 거대 기업인 피임 산업은 콘돔·피임약만 사용하면 모든 문제가 완벽하게 해결되는 듯한 환상을 심어 주는 광고를 매스미디어를 활용해서 사회 전체에 확산시킨다. 피임 교육이 가장 좋은 성교육이라는 이미지를 각인시키는 것이다. 또한 이들은 피임 위주의 성교육을 음으로 양으로 지지할 뿐아니라, 성교육 강사를 양성하고 파견해서 한국의 성교육이 피임 위

주로 편성되게 한다. 보이지 않는 손인 돈이 거짓말은 빠르게 확산시키고, 진실은 땅속에 묻어 버리는 것이다.

'강'은 완벽한 피임이 없다는 사실을 어떻게 알았을까? 이는 경험으로 아는 상식이고 진리다. 콘돔·피임약 다 쓰고도 임신한 사람은 셀 수 없이 많다. 그 피해자들이 돈을 모아서 "100% 피임은 없다."라고 매스미디어에 광고하지 않기 때문에 이 진리가 알려지지 않았을 뿐이다.

대자연과 생명은 피임의 벽을 넘는다

필자의 지인 한 명이 급하게 결혼을 했다는 소식을 듣고, 축하한다는 메시지를 보냈다가 다음과 같은 답을 받은 적이 있다.

"고백 아닌 고백을 드리자면 새 생명이 생겨서 원래 계획했던 것보다 결혼시기를 더욱 앞당기게 되었어요. 저희가 처음에 참 당황스러웠던 것은 어른으로서 할 수 있는 모든(?) 피임을 했는데도 아이가 생기는 바람에…… 저는 근종치료 때문에 피임약 처방을 받았었고, 누구나 다 쓰는 피임기구도 빈틈없이 사용했는데 말이죠. 생명은 사람이 마음대로 할 수 없는 오직 하느님의 영역이라는 사실을 다시 한번 느끼게 되는 순간이었어요."

고백아닌 고백을 드리자면..

새생명이 생겨서
원래 계획했던 것보다 결혼시기를
더욱 앞당기게 되었어요 ^^;;;

저희가 처음에 참 당황스러웠던 것은
어른으로서 할 수 있는 모든(?)
피임을 했는데도 아이가 생기는 바람에..

저는 근종 치료 때문에
피임약을 처방받았었고...
누구나 다 쓰는 피임기구도
빈틈없이 사용했는데 말이죠..

생명은 사람이 마음대로 할 수 없는,
오직 하느님의 영역이라는 사실을
다시한번 느끼게 되는 순간이었어요.

처음에 온 가족을 당황시켰지만..
아기는 '축복이'란 태명을 얻고
사랑을 듬뿍듬뿍 받으며
건강히 뱃속에서 잘 자라고 있답니다. ^^

이 여성은 피임약도 정확하게 정해진 시간에 꼬박꼬박 먹었고, 콘돔도 완벽하게 사용했는데 도대체 어떻게 아이가 생겼는지 전혀 알 수 없다고 했다. 이 둘은 처음에는 싸웠지만 결혼으로 책임을 다했다. 그러나 임신이 확인되었을 때 이렇게 책임지는 경우가 많을까? 아니면 둘이 싸우고 낙태하고 결국 깨지는 경우가 많을까? 후자가 압도적으로 많다. 현실이 이렇다면 성교육에서 청소년들에게 무엇을 우선적으로 가르쳐야 할까? 피임을 하더라도 혼인이나 가정 등의 장기적인 인생 계획과 무관한 성관계는 사람을 엄청나게 불행하게 할 수 있다는 분명한 사실을 강조해 줘야만 한다.

교육은 진실과 책임을 강조해야

그러나 피임 교육은 청소년에게 이런 진실을 말해 주지 않는다. "사춘기가 되어서 성적 욕망이 생기는 것은 자연스러운 것이기 때문에 그것을 죄악시하거나 억압해서는 안 된다. 여러분도 성관계를 할 자유가 있다. 성관계는 청소년 인권이다. 임신이 걱정된다면 콘돔·피임약을 사용해라."라는 메시지를 전하는 빗나간 교육이 압도적으로 많이 확산되어 있다. 유튜브에서 '청소년 성교육'이나 '피임 교육'이라는 키워드를 넣어 보면 '청소년들도 자유롭게 성관계를 할 수 있어야 하고 그렇기 때문에 청소년에게 콘돔 사용법과 피임약 복용법을 자세히 가르쳐야 한다.'는 강의나 토크가 수없이 검색된다. 청소년들은 이런 선전에 속기 쉽다.

그러나 위의 내용을 따져 보자. 전 세계에서 포르노를 제일 많이 보고 선정적 대중문화에 압도적으로 노출되어 있는 한국 청소년들의 내면에서 솟구치는 욕망이 정말 인간의 자연스러운 성적 욕구일까? 이는 상당히 왜곡되고 증폭된 욕망이다. 그러니 피임을 하면서 성관계를 해도 좋다는 교육은 첫 단추를 잘못 끼운 것이다. 청소년에게 성관계를 할 자유가 있을까? 있다. 과도한 욕망이라 할지라도 본인이 실현시키겠다면 할 수 있고, 청소년이라 할지라도 그것이 그들의 권리인 것은 맞다. 그렇다면 따라붙어야 할 교육은 그 자유에 대한 책임이어야지, 책임을 피하는 기술인 피임이 되어서는 안 된다.

임신을 유발하는 유일한 행동인 성관계를 청소년의 자유와 권리로 선언하면서 책임을 피하는 길만 가르치면, 결국에 이들이 맞닥뜨리는 일은 무엇일까? 첫째는 매달 임신 테스트기가 한 줄일까 두 줄일까 벌벌 떠는 상황이다. 둘째는 응급 피임약이라고 불리는 준낙태약의 구입과 복용이고 셋째는 억지로 등 떠밀려서 하는 낙태다. 이 세 가지 모두가 성관계 후에 벌어지는 선택의 여지가 없는 비극적 상황이다. 자유와 권리로 심지어 자기 결정권이라고 포장된 선택이 이런 참사로 이어진다면, 그 포장이 진실인가를 반드시 따져 봐야 한다. 그리고 교육은 이 성찰의 기회를 청소년들이 가질 수 있도록 도와줘야 한다.

미디어가 주입하는 '사랑의 공식', 믿어도 될까?

정교하게 조종당하는 연애 방식

사람이라면 누구나 한 번쯤은 연애 경험이 있을 것이다. 커플들은 '사랑의 공식'을 따른다. 처음 만나 커피숍에 가서 이야기를 하고, 영화를 보고, 눈 내리는 날 가로등 밑에서 키스를 하고, 성관계를 가지는 이 '사랑의 공식'은 대중매체가 우리 무의식에 각인시킨 것이다. 그러나 우리는 이 사실을 알지 못한다. 대중매체는 교묘하게 우리 가치관 속으로 스며들어온다. 우리는 점점 대중매체가 전해 주는 '사랑의 공식'을 받아들이고 자연스럽게 생각하게 된다.

나 또한 예외가 아니었다. 이 수업을 듣기 전까지만 해도 이 과정을 당연시 여기며 그래야만 하는 것이라고 여겼다. 그러나 매주 강의를 들으면서 내가 대중매체에 무방비로 노출되어, 그 결과 피해자가 되어 버린 사람 중의 한 명이라는 것을 알았다.

연인과 스킨십을 할 때 여성은 분위기에 약하다는 것은 누구나 다 잘 아는 사실일 것이다. '아 여기서 거절하면 분위기가 정말 이상해질 텐데…… 날 싫어하면 어쩌지?' 하는 걱정 때문에 원치 않는 스킨십을 거절하지 못한 적이 많았고, 결국에는 내 모든 것을 허락하게 되어 버렸었다.

대학교 1학년 여학생이 5월에 제출한 보고서다. 언제 성관계를 했는지를 물어보니, 수능 마치고 곧바로 소개팅을 해서 만난 지 한 달 만에 했다고 말했다. 지극히 평범한 가정에서 성장한 4년제 대학 신입생의 사례다. 비판과 식별의 과정이 전혀 없이 상업적 영상물을 통해서만 성의식을 형성하면, 이런 성행동을 할 가능성이 매우 높다.

처음에는 혼란스럽고 온갖 걱정 다 들었지만 그것도 잠시, 주변 친구들을 보니 나만 이런 것을 경험한 것도 아니고, 한 번 두 번 횟수가 늘어날수록 당연하게 생각하게 되었다. 그러나 어느 날 나는 현재 남자친구에게 대중매체 수업을 듣고 진지하게 얘기를 꺼내 보았다. 정말 만약에 내가 임신을 하게 되면 어떻게 할 것이냐고, 그러자 남자친구는 걱정하지 말라고 자기가 다 책임진다고 했다.

1학년 남친이 무슨 책임을 어떻게 진다는 것일까? 이 책임진다는 말은 성관계를 지속하기 위한 허풍에 불과할 가능성이 매우 높다.

주입된 생각에서 주체적인 생각으로

예전이면 안심하고 넘어갈 나였지만 수업 시간에 배운 내용이 있었기 때문에 현실적인 질문을 하기 시작했다. 아이를 낳을 경우, 학교는 어떻게 다니며 양육 문제는 어떻게 할 것이고 부모님에게 죄스러운 마음 또한 네가 책임질 것이냐고, 낙태를 할 경우라면, 내 몸에 조금이라도 문제가 생기면 책임질 수 있는 능력이 있냐고, 그러자 남자친구는 말문이 막히며 할 말을 잃었다.

필자가 '미디어와 성'을 주제로 수업을 할 때, "성관계를 하지 말라."든가 "순결"이라는 단어는 말하지 않는다. 거센 저항과 무익한 대립이 생기기 때문이다. 다만, 성관계는 대학생의 주체적 결정에 의한 자유이지만 성관계가 시작되면 깊이 고민해 봐야 할 여러 문제가 있다고 슬쩍 정보를 흘려줄 뿐이다. 이 여학생은 이를 속기사처럼 받아 적었고, 모텔방에서 남친에게 청문회하듯이 하나하나 따져 물었는데, 남친은 그 어떤 질문에도 제대로 된 답을 하지 못했다고 한다. 여학생은 정신이 번쩍 들었고, 뭔가 자신의 눈을 싸고 있던 막이 벗겨지는 체험을 했다고 말했다.

책임의 가치를 배울 수 없는 남자 청소년들

그렇다면 이 남학생은 아주 나쁜 청년일까? 그렇지 않다. 그래서 더 문제다. 우리나라에서 남자 아이들이 평범하게 크면 딱 이 남친처럼 된다. EBS 프로그램 〈노래방 엄마의 우리 아이 진짜 성이야기〉에 나온 중학교 3학년 남학생 네 명의 대화를 보자.

너희는 하고 싶은 나이가 언제야? 나는 솔직히 지금 할 수 있다면 할 거야. 나는 고1이나 고2 때 많이 하고 고3 때 공부해서 좋은 대학에 갈 거야. 그게 내 목표야. 네가 고딩일 때 누구랑 해 보고 싶어? 내가 보기엔 이 ××는 여자 친구랑 했을 것 같아. 이 나이에 그걸 왜 해? 할 수도 있지. 이미 한 것 같은데? 여친이 못 하게 해. 내가 하려고 했는데, 여친이 거부해. 만약에 네 여친이 하자고 했어. "나랑 한 번 하자" 이러면 할 거야? 한 번씩은 해야지. 할 건데 이 나이에 할 건 아니라는 거지. 이 나이에 하긴 좀 무섭긴 해. 난 한 번 해 보고 싶어. 꿈이야. 했는데 임신이 됐어. 그러면 어떡해? 그러니까 무서워서 못하는 거지. 그건 그래. 뒷감당이 없다는 조건하에 한다면 지금이라도 할 거야. 그럼 난 열네 살 때부터 했겠다.

이는 평범한 중학교 3학년 남학생들의 성의식이 여과 없이 드러난 대목이다. 아들들의 대화를 몰래 촬영하고 엄마들이 옆방에서 실시간으로 보는 장면이 프로그램에서 나오는데, 아들들의 입에서 나오는 말을 들은 엄마들의 아연실색하는 표정이 세대 간 성의식의 메울 수 없는 격차를 보여 준다.

여기서 확인한 것처럼, 남자 청소년들이 대중문화와 포르노그래피 등을 통해서만 성을 배우게 되면, 책임이라는 가치가 머릿속에서 완전히 망각된다. 왜 그럴까? 상업적 영상물이 보여 주는 성의 세계에는 책임의 내용이 모두 다 의도적으로 삭제되어 있기 때문이다. 이 시대에는 집에서 보호받고 잘 크는 아이나 집 밖으로 나간 아이나 성적 가치관이 똑같다. 왜 그럴까? 성을 배우는 통로가 대중문화와 포르노그래피 등의 상업적 영상물로 동일하기 때문이다.

이런 상태의 남학생들에게 콘돔으로 대표되는 피임 교육을 시킨다면 그것은 무엇을 의미할까? 가뜩이나 희박한 책임 의식을 교육자가 지우개로 빡빡 지워 주는 행위가 되는 것이다. 그러니까 한국의 이런 특수한 상황에서는 피임, 즉 책임을 피하는 기술은 교육이라는 이름으로 행해질 수 없는 악덕이며, 교육자가 할 일이 아닌 것이다.

방향을 바꾸게 하려면? 깨닫게 해 줘야

'그동안 남자친구에 의해 내가 이런 사람과 사랑으로 둔갑한 섹스를 해온 것이구나' 하는 허망한 느낌이 들며 사랑의 공식에서 벗어나는 듯한 기분이 들었다. 정신이 번쩍 들면서 나는 더 이상 육체적 사랑을 추구하고 싶지 않다고 말을 했다. 그러나 남녀 관계에서 '전진은 있지만 후진은 없다.'는 말대로 남친은 쉽게 받아들이려고 하지 않았고, 결국 나는 헤어지려고 준비 중이다.

이 여대생은 5월에 면담하고 6월 초에 헤어졌다. 깨지지 않았다면 이 커플은 어떤 길을 갔을까? 6월 중순이면 방학을 하니 이 둘은 모텔에 더 자주 갈 것이다. 7월에는 여행을 갈까? 안 갈까? 당연히 간다. 영화와 드라마에서 연애하면 여행 가라고 줄기차게 배웠기 때문에 여행을 안 가는 것이 더 어렵다. 여행 가면 임신할 가능성이 상당히 높아지고, 8월에 임신 확인하고, 남친의 대다수는 도망친 상태에서 9월에 낙태하는 것이 적지 않은 여대생들이 겪는 고통이다. 인생 전체가 무너져내리는 이런 아픔을 겪는 여대생들이 수없이 많다. 이것이 바로 미디어가 주입하는 '사랑의 공식'에는 전혀 나타나지 않는 실제 삶이다.

무심결에 신청하여 듣게 된 교양수업이 나의 가치관을 다시 정립시켜 줄 것이라고는 상상하지도 못한 일이다. '뭐 어때, 남들도 다 그러는데, TV 보니까 연예인들이 그러던데'라는 사고방식을 가진 채 연애를 하다 보니 죽음의 문턱 바로 앞에까지 왔으면서 그 사실조차 모르고 있었다.

이 시대의 성교육은 '덮어 놓고 순결', '묻지도 따지지도 말고 순결'이 되어서는 절대 안 되고, 성의 진실과 실체를 깊이 있게 깨닫게 해 주는 방식으로 진행되어야만 한다. 그래야만 앞의 여대생처럼 깨달아서 가던 길을 돌리는 방향 전환을 하게 된다. 이런 교육이 가능하려면 교육자가 준비되어야 하는데, 이 양성이 결코 쉽지 않다. 장기적인 교육 투자가 절대적으로 요청되지만 미디어 리터러시 성교육 전문가 양성을 위한 투자는 극미한 수준이다.

과시욕과 부러움으로 환상만 증폭시키는 소셜 미디어

교회나 성당을 다니는 그리스도교에 속한 청년들은 좀 다를까? 대학생 주일학교 교사들도 연애하면 똑같이 모텔에 가고 여행을 간다. 또 그 사진을 페이스북 등의 SNS에 올린다. 그러면 친구로 연결되어 있는 교회나 성당 청소년들이 그 사진을 아주 관심 있게 보고, "선생님 부러워요. 축하해요." 등의 댓글을 단다. 주일학교 선생님이 여행 가서 애인과 재미있게 노는 사진을 본 청소년들은 '나도 연애해서 저렇게 여행 가야지.' 하는 소망을 품는다. 과시욕과 부러움이 실시간으로 결합되면서 '이성교제=성관계'라는 학습이 순식간에 이뤄지는 것이다.

여행 후 임신을 확인하는 교사가 적지 않다. 결혼으로 책임지기보다는 낙태하고 깨지는 경우가 훨씬 더 많다. 그러면 수술 후 회복실에서 사진 찍어서 "내가 여행과 성관계가 포함된 연애를 하다가 지금 이렇게 헤어지고 낙태한다."라는 솔직한 글을 페이스북 등의 SNS에 올릴까? 이걸 올려야 친구로 연결된 청소년들이 '아! 저렇게 살면 잠시는 재미있지만 싸우고 깨지고 낙태하고 결국 불행하게 되는구나!', 'SNS에서 하는 은근한 자랑질이 결국 누구에게도 행복을 주지 못하는구나!' 하고 깨달을 수 있는데, 이런 고통스러운 진실은 SNS에 절대 올리지 않는다.

그러니까 영상이 주도하는 소셜 미디어에서는 욕망과 환상만 유통될 뿐, 진실과 진리는 철저하게 은폐된다. 그래서 영상매체를 통해서는 청소년들이 진실을 접하고 진리를 깨닫기가 상당히 어려운 것이다. 그렇기 때문에 이 시대에는 영상물이 주입하는 '사랑의 공식'이 얼마나 허황된 것인가를 깨우쳐 주는 미디어 리터러시 성교육이 절실하게 필요하다.

성은 인생 전체와 결합되어 있다

성(性)을 해체하는 소비사회

"① 성, ② 쾌락, ③ 사랑, ④ 생명, ⑤ 임신, ⑥ 출산, ⑦ 양육, ⑧ 부모됨, ⑨ 가족제도, ⑩ 사회제도"의 ①부터 ⑩까지는 분리될 수 없는 하나의 연속체다. 이는 자연법이기 때문에 인간이 아무리 애를 써도 이 연속체를 분리할 수 없다. 그런데 돈이 지배하는 소비사회는 성을 쾌락과만 결부시키고, 성에 자연법적으로 결합되어 있는 핵심 요소는 삭제한다.

왜 그럴까? 소비사회는 인간의 성까지도 상품화해서 수익의 극대화를 추구하는데 상품화된 성이 생명, 임신, 출산, 부모됨 등의 무거운 주제를 주렁주렁 매달고 있다면, 이것이 잘 팔릴 턱이 없기 때문이다. 그래서 성을 상품화하는 기업은 성을 쾌락과 결합된 이미지로만 보여 주고, 성의 통합체를 해체하여 성을 오직 쾌락의 도구로만 각인시키는 것이다.

성적 결합이 필연적으로 생명과 연결되기 때문에 성관계에는 당

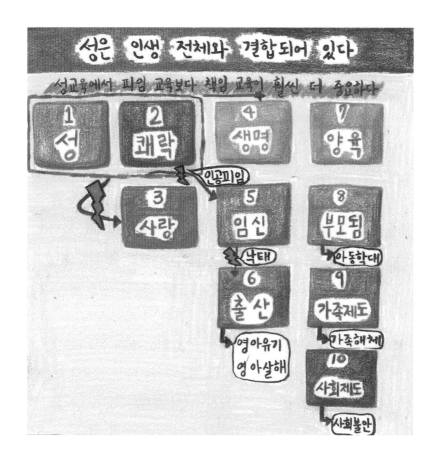

연히 책임이 따라야 하며, 성관계에 임하는 남녀는 그 행위가 임신, 출산, 양육, 부모됨, 가족됨으로 이어진다는 사실을 인식하고, 신중해야 한다는 도덕률은 소비사회가 철저하게 감춘다. 진실은 은폐되고 욕망을 자극하는 거짓말만 널리 유포되는 것이 가능한 이유는 무엇일까? 기업이 지배하는 침투력 강한 영상매체가 영화, 드라마, 뮤비, 광고 등으로 쉬지 않고 '섹스=게임'이라는 메시지를 전파하고 있기 때문이다.

성의 분리 · 해체를 통한 수익 창출

소비사회는 우선 성을 사랑과 분리한다. 인격적 존중과 책임이 수반되는 진실된 사랑이 없어도 얼마든지 성관계는 재미로 혹은 시험 삼아 해 볼 수 있는 놀이라고 설득한다. 이것이 문화 산업과 방송 산업이 하는 일이다. 그리고 임신 걱정은 하지 말라고, 성과 임신은 손쉽게 분리할 수 있다고 설득하는데, 그것이 피임 이데올로기다. 콘돔 · 피임약 장사는 피임이 원치 않는 임신을 막으니 생명수호라고 선한 포장을 하지만, 그 이면에는 엄청난 윤리적 악이 숨어 있다. '성관계는 얼마든지 자유롭게 해도 되고, 임신만 안 하면 된다.'라는 피임 마인드 자체가 잘못된 생각이기 때문에 이 태도는 결코 사람을 선으로 인도하지 못한다. 콘돔 · 피임약을 믿고 성관계를 했는데 피임에 실패하면, 이번에는 임신과 출산을 분리하라고 이것이 여성의 권리라고 또 설득한다. 이것이 낙태다. 이 분리와 설득의 과정에서 소비사회의 각 산업 단위인 대중문화 산업, 방송 산업, 포르노 산업, 모텔 산업, 피임 산업, 성교육 산업, 제약 산업, 의료 산업 등은 큰돈을 벌어들인다.

해체된 성이 야기하는 문제들

낙태를 하지 않고 아이를 낳는다고 해도, 책임 의식이 전혀 없는 상황에서의 출산은 영아유기 영아살해로 이어진다. 화장실 등에서 발견된 신생아나 출산 직후 엄마가 살해한 아기들의 뉴스가 더 이상

낯설지 않고, 이것이 일부 청소년에만 한정된 문제도 아니다. 유기나 살해를 하지 않고 엄마가 직접 키우는 경우도 있지만, 남자친구는 90% 이상 도망쳐 버린다. 여자 혼자 아이를 양육하는 것은 무척 힘든 일이다. '아이 때문에 내 인생이 이렇게 망가져 버렸다.'라는 분노가 치밀어 오를 때마다 아이에게 폭언을 퍼붓고 폭력을 행사한다면, 이것이 아동학대다. 무책임한 남자친구에 대한 분노를 아이에게 투사하는 것인데, 엄마에게 생존을 의존하고 있는 아이는 그 학대를 그대로 당할 수밖에 없다.

아이는 아무 잘못이 없다. 무책임한 성관계를 한 부모의 죄가 아이에게 그대로 전달되어서 아이가 큰 고통을 당하는 것이다. 그런데 이렇게 학대당하며 성장한 아이는 그 부모가 살았던 무책임한 성을 그대로 답습하면서 또 미혼모가 되거나 임신만 시켜 놓고 도망치는 미혼부가 되어 또다시 자신의 자녀에게 악의 굴레를 씌울 가능성이 높다. 무책임하고 문란한 성관계가 악이 전달되는 세대 간 통로가 되는 것이다. 이렇기 때문에 성관계를 재미나 장난으로 여기고 쉽게 해서는 안 된다는 가르침이 교육되어야 하는데, 이런 주제를 정확하게 인식시키는 성교육은 매우 드물다. 아빠가 책임을 방기하고 도망쳐 버린 후 엄마와 아이만으로 구성된 가족은 시작부터 상처가 깊은 공동체다. 이런 가족이 많아지면 사회가 불안정해진다.

피임보다 책임이 훨씬 더 중요한 성(性)

바로 이것이 성을 쾌락의 도구로만 인식하고, 성관계를 게임처럼 여기는 사회가 떠안아야 하는 부담이며, 사회를 병들게 하는 구조악이다. 이 큰 그림을 보고 확실히 깨달아야만 하는 사실은 무엇일까? 성에서는 피임보다 책임이 훨씬 더 중요하며 따라서 성적 자유가 인정되는 사회에는 성에 내재된 책임을 다하게 하는 법적 제도가 우선적으로 필요하다는 상식이다.

우리나라는 성이 개방만 되어 있을 뿐, 책임의 제도와 문화는 전혀 없다. 이것이 우리와 서구사회가 근본적으로 다른 점이다. 미국과 유럽은 개인의 성적 자유를 폭넓게 인정해 주되, 개인에게 그 책임을 철저하게 묻는 제도가 확립되어 있다.

미국의 보건복지부는 양육비 회피를 사기와 같은 중요 범죄로 보고, 홈페이지에 전용 신고센터를 운영한다. 양육비를 회피하고 잠적

하면 지명수배하고 상세정보를 공개하여 시민들의 신고를 받는다. "양육비 회피는 중대 범죄입니다. 우리는 범죄자를 끝까지 추적해 법이 허락하는 최대한의 처분을 받도록 할 것입니다." 미국 보건복지부 책임자의 말이다. 경품당첨 통보를 해서 잠적한 부모들을 불러 모으고 신분이 확인되면 현장에서 체포하기도 한다. '양육비 책임법' 으로 불리는 이 제도는 미성년자에게도 예외 없이 적용된다.(KBS 〈시사기획 창〉, '이혼보다 깊은 상처 양육비' 2014.2.11. 참조)

책임 교육이 최우선되는 선진국의 청소년 성교육

청소년의 경우, 복지제도가 연계되어 아빠가 되는 기술을 알려 주고 아르바이트를 알선해서 양육비를 부담할 수 있도록 도와준다. 양육비 부담이 어려우면 국가가 우선 지급하고, 성인이 되어 취직하면 월급의 일정액을 국가가 구상권을 발동해서 차압한다. 이것이 바로 사회적 차원에서 시행되는 책임의 성교육이다. 책임 교육은 학교로 이어져서 남학생들이 실제 아기처럼 반응하는 장치가 내장된 인형을 24시간 돌보면서 아빠 되기 교육을 받는다.

미국의 한 고등학교. 어딘가에서 울음소리가 터져나옵니다. 남학생들이 실제 아이처럼 반응하는 컴퓨터 장치가 된 아기 인형을 돌보면서 아빠 되기 교육을 받습니다. 미국의 경우 미혼부 책임제도가 법으로 정해져 있어서 결혼을 안 했어도 양육비 등을 지불하도록 되어 있습니다.(안드레아 뉴욕 가정법 전문 변호사 인터뷰)

사회 복지 서비스가 10대 아빠와 연결이 되어 이들을 도와줍니다. 우선 아이를 키우면서도 학교를 마칠 수 있게 해 주고, 직업 훈련을 받을 수 있게 도와주고 다양한 양육 기술을 알려줍니다. 학교를 졸업할 때까지 적어도 아르바이트 자리를 얻을 수 있도록 알선해 줍니다.(SBS 〈그것이 알고 싶다〉 305회, 누구도 축복해 주지 않는 출산의 공포 2004.7.31.)

이런 나라에도 10대 임신은 존재한다. 청소년 엄마는 학교 탁아소에 아이를 맡긴다. 이 모습을 친구들이 보면 어떤 생각을 할까? '나도 빨리 남자친구 사귀어서 성관계를 해야겠구나!'일까? 아니면 '성관계는 자유지만 큰 책임이 따르는구나! 준비될 때까지 기다려야겠다.'일까? 책임의 제도가 타산지석(他山之石)의 학습까지 완벽하게 시키는 것이다. 이런 국가에서는 청소년 첫 경험 연령이 올라가고, 낙태가 합법화되어 있다 해도 여성이 낙태를 쉽게 선택하지 않는다. 이것이 바로 한국에는 없고, 거의 모든 OECD 선진국에 있는 미혼부 책임법과 책임의 성교육이다.

책임의 제도와 교육이 전무한 우리 상황에서 2018년 초에 서울시가 공공기관(학교, 보건소)을 통해 청소년들에게 콘돔을 무상 지급하는 정책을 청소년 인권의 차원에서 논의한 바 있다. 논란 속에서 그 계획이 철회되기는 했지만, 많은 아쉬움이 남는다. 국민의 혈세를 쓰는 국가의 정책 담당자들이 청소년 성교육을 위해서 무엇을 우선해야 하는지에 대한 인식이 부족해 보이기 때문이다. 국가가 할 일은 성에 대한 책임을 배제한 상태에서 청소년의 성관계 권리와 그에 따른 청소년 피임권만을 보장하는 것이 아니라, 청소년들이 성에 대한 실제적 책임을 다할 수 있도록 북미나 유럽의 선진국과 같은 법적 사회적 교육적 구조를 마련하는 것이다.

K-pop 문화 산업과 왜곡된 성교육

왜곡의 기술? 감추거나 속이거나

　성을 상품화하여 돈을 벌어들이는 대중문화 산업, 방송 산업, 포르노 산업, 광고 산업, 모텔 산업, 피임 산업, 성교육 산업, 의료 산업 등을 필자는 쾌락 산업으로 통칭한다. 이 쾌락 산업은 침투력 강한 매체를 활용하여 '섹스는 게임, 임신만 안 하면 될 뿐'이라는 생각을 문화화해서 성을 왜곡하는 데 거의 성공했다. 이런 왜곡에는 두 가지 방식이 있다. 분명한 사실이지만 전혀 보여 주지 않는 것과 가짜를 진짜인 것처럼 속이는 것이다.

　쾌락 산업이 감추는 성의 진실은 무엇일까? 첫째는 성적 결합이 생명으로 이어진다는 자연법적 사실이다. 둘째는 생명에 대한 책임이다. 셋째는 책임 없이 성관계부터 했을 때 일어나는 고통이다. 이셋은 아예 보여 주지 않는다. 이들이 속이는 내용은 무엇일까? 폭력적인 남녀 관계를 진정한 사랑인 것처럼 포장하는 것이다. 영화, 드라마, 뮤직 비디오, 광고가 거의 다 그런 일을 하는데, 뮤직 비디오부터 살펴본다.

'빨개요', 여자는 남자가 먹는 맛있는 음식인가?

> "새빨간 립스틱을 바른 나는 빨개요. 깨물어 주고 싶은 애교가 예술이에
> 요. 밤마다 내가 생각나? like 매콤한 라면, 먼저 들어와 봐. 내가 좋다면.
> 원숭이 엉덩이는 빨개 빨간 건 현아 현아는 Yeah. 원숭이 엉덩이는 빨
> 개, 빨간 건 현아, 현아는 Ah."

청소년들에게 매우 인기 있는 노래 〈빨개요〉의 일부다. '라면 먹고
갈래?'는 청소년들 사이에서 통용되는 '성관계 하자'의 은어다. 그렇
다면 "밤마다 내가 생각나? like 라면"은 무슨 뜻일까? "성관계하자"
다. 익숙한 동요 〈원숭이 엉덩이〉가 후렴구로 반복되는데, 원곡의
가사는 생략되고 감탄사 'Yeah'와 'Ah'만 있다. 워낙 익숙한 동요여
서 생략된 단어인 "맛있어"가 자동으로 복원된다. "현아는 맛있어."
그러니까 이 노래는 현아로 대표되는 여자를 맛있는 음식으로 표현
한 것이다.

이런 뒤틀린 가치관을 이 노래가 처음 만든 것은 아니다. 일부 몰
지각한 남성들이 사석에서나 입에 담는 성관계를 가리키는 저급한
표현이 '먹었다' '따먹었다'인데, '빨개요'는 이 왜곡된 성의식을 그대
로 품고 있는 것이다. 가사에 '먹었다' '따먹었다'를 직접 사용하면,
사회적 비난이 일어날 가능성이 높기 때문에 작사가가 동요를 이용
해서 살짝 비틀어 놓았다. 이는 더 강한 비난을 받아야 할 행위인데,

부모와 교육자조차도 상황을 인식하지 못하고 있다.

〈빨개요〉가 하는 폭력적 성교육

그런데 이 노래가 공중파와 케이블 TV의 거의 모든 가요 순위 프로에서 1등을 차지했다. 상황이 이렇기 때문에 이 황당한 노래 '빨개요'는 어린이 · 청소년의 자연스러운 놀이문화가 된다. 아이들이 이 노래를 매스미디어를 통해서 자주 듣고 따라 부르고 춤까지 따라 추면 어떤 일이 벌어질까? '여자=남자가 먹는 맛있는 음식', '여자=남자 마음대로 다루어도 되는 물건'이라는 왜곡된 가치관이 무의식 깊게 각인된다. 여성을 사람이 아니라, 물건으로 여기게 하는 엄청난 폭력성이 이 노래를 통해서 청소년들에게 내면화되는 것이다. 이미 심각한 수준으로 나타나고 있는 데이트 폭력이나 성폭력의 문화적 뿌리가 무엇일까? 필자는 그 근원 중 하나가 자연스럽고 재미있게 여성을 음식이나 물건으로 취급하게 하는 문화 산업이라고 확신한다.

식별력과 비판의 교육 없이 이런 문화상품을 어린이·청소년들에게 10년 이상 일용할 양식으로 섭취시킨 사회가 한국이다. 어떤 일이 벌어질까? 남성은 여성을 자기 마음대로 가지고 놀 수 있는 장난감으로 여기고, 자신이 원하는 대로 여친이 행동하지 않을 경우 상당한 수준의 폭력을 행사한다. 그러면서도 그것을 문제라고 생각지 않고, 권리라고 주장한다. 여성은 사랑과 폭력을 혼동하면서, 이가 부러지거나 살이 찢어지는 정도의 폭행을 당해야만 비로소 문제를 인식하게 된다. 이는 문화 산업이 부지불식간에 진행시킨 왜곡된 성교육을 식별도 비판도 없이 방치한 결과다.

비상식의 나라 대한민국

한국에서 〈빨개요〉 같은 노래는 비판과 견제를 거의 받지 않는다. 오히려 국위선양, 외화벌이, 애국 산업이라는 칭송을 받는다. 이명박·박근혜 정부 9년 동안 연예기획사가 급성장했고, 박근혜 전 대통령의 해외 순방에 가수들이 동행하여 K-pop 콘서트를 하는 경우도 있었다. 이런 선정적인 노래를 정부가 나서서 대한민국의 주력 문화상품으로 수출하려고 했고, 그 외국 공연장에 대통령이 함께한 것이다. 누가 이런 정책을 추진하는지 상당히 궁금했는데, 지금은 그 의문이 다 풀렸다. 비선 실세가 특정 재단을 만들고 특정인을 내세워서 한 일들임이 명백하게 드러났기 때문이다.

18대 대통령 취임식 식전행사의 축하곡이 〈강남스타일〉이었던 사실은 더 큰 충격이었다. 아무리 세계적인 인기를 끌었다고 해도, "지금부터 갈 데까지 가 볼까"라며 한국의 클럽 문화인 '원나잇 스탠드(하룻밤 성관계)'를 재미있게만 표현한 노래를 한 정부의 출범을 축복하는 자리에서 부를 수는 없기 때문이다. 세계 각국의 외교관과 외신 기자 수백 명이 모인 자리에서 싸이와 한국 국민들이 다 함께 말춤을 추면서 그 노래를 불렀던 것은 우리 스스로가 국격을 심각하게 훼손하는 행위였다. 〈강남스타일〉을 축하곡으로 하자는 의견이 나와도 그것을 걸러낼 수 있어야 하는데, 취임식 준비 위원회에 그런 상식이 없었던 것인지 아니면 비선 실세의 힘이 그 상식을 무력화했는지 궁금하기만 하다.

〈빨개요〉와 청소년 학교 축제

나라 전체가 이렇게 비상식이기 때문에 〈빨개요〉류의 노래가 초중고 축제에서 열광적으로 공연되는 일이 즐비하다. 대다수 학교의 축제가 걸그룹 섹시댄스 공연이며, 여고 댄스부의 남고 출장댄스는 축제의 핵이다. 20년 전에는 성인 나이트에서 밤 12시쯤 하는 댄스를 지금은 공중파 TV는 물론이고 중고등학교 축제에서 하는데도, 교육자의 개입과 지도를 찾아보기 어렵다. 믿어지지 않는다면 구글이나 유튜브에서 '여고 댄스부 남고 공연 빨개요'를 검색해 보라. 상의 탈의댄스부터 의자댄스까지 남고 강당에서 벌어지는 현란한 영상이 수두룩하다.

이런 춤을 잘 추는 여학생이 인기가 많기 때문에 여학생들은 이 춤을 배우고 싶어 한다. 어디 가면 전문적으로 배울 수 있을까? 방송

댄스학원이다. 또 거의 모든 학교에 방송댄스반이 있고, 외부 강사가 와서 아이들에게 온갖 기기묘묘한 섹시댄스를 가르친다. 청소년들의 삶을 망가뜨리는 활동에 소중한 시간과 예산이 쓰이는 것이다. 이런 상황에서 청소년들에게 콘돔을 국가 예산으로 무상 공급해야 한다는 주장을 하는 단체의 목소리가 높아만 간다. 난세는 진실과 진리에 대한 정확인 인식과 그 실천으로 극복해야 한다.

포르노그래피와 왜곡된 성교육

여자는 성폭행을 원하고 즐긴다?

미국의 한 포르노 잡지 『펜트하우스』는 강간을 당하고 길바닥에 누워 있는 여자가 막 뒤돌아선 남자에게 "encore(한 번 더)"를 외치는 만화를 실었다. 포르노가 왜곡하는 성의 핵심을 극명하게 보여 주는 황당한 그림이다.

강간이 시작될 때는 여자가 싫어하고 저항하지만 중간부터는 매우 좋아하고 끝나면 한 번만 더 해 달라거나 결혼해 달라고 애걸하는 내용이 포르노에는 무척 많다.

남성이 이런 영상물을 수없이 보면 어떻게 될까? '여자는 성폭행을 원하고 즐긴다.'라는 가치관이 무의식에 자리 잡는다. 이런 남자는 성범죄를 저지르기 쉬운데, 더 큰 문제는 자신의 범행에 대해 전혀 죄책감이 없다는 사실이다. '같이 즐겼는데, 내가 무슨 잘못이냐?'는 태도가 지속되기 때문에 처벌만 받을 뿐, 생각과 행동이 교정되기가 무척 어렵다. 여성은 어떨까? 남친에게 성적 노리개 취급을

당하면서도 그 관계를 끊지 못하는 경우가 많다. 심지어 '나도 강간을 당해 보고 싶다.'라는 생각이 깊은 곳에서 올라온다는 고백을 하는 여성도 있다.

세계에서 포르노 보기가 가장 쉬운 나라

서울의 한 초등학교 학생들은 음란 영상물을 보고 따라 하기가 널리 퍼져 있다고 말합니다. "야동 보는 애들 많아요. 그러면서 따라하는 애 많아요. 너무 야하다고 해요. 그러면서 잘난 척 해요. 그리고 폭력도 더 세져요. 욕도 심하게 하고."[초5 여학생]
'야동'의 뜻을 알고 있느냐는 질문에 초등생의 답변은 거침이 없습니다.

성관계를 재미있고 멋있는 놀이쯤으로 생각한다는 친구들도 있다고 전합니다. "여자가 남자 ○○ 빠는 것, 강제로 옷 벗기기. 진짜 진짜 멋있다 막 그러죠. (그런 걸 멋있다 그래?) 네. 섹스 같은 것 보면서 자기도 한번 해 보고 싶다고 하고 해 볼까 하는 형들도 있고 진짜 해 본 형도 있어요. (그 형은 몇 학년이야?) 6학년."[초4 남학생](초·중생 음란물 따라 하기 심각…"교실서도 유사 성행위" 연합뉴스 2008.5.8.)

2008년, 그러니까 16년이나 지난 뉴스다. 지금은 상황이 더 심각하다. 초고속 인터넷이 안방까지 들어와 있고, 어딜 가도 와이파이가 제공되는 전 세계 유일 국가이기 때문에 한국은 세계에서 포르노 보기가 가장 쉬운 나라다. 포르노가 합법화된 나라보다 포르노 접근성이 월등하게 좋으니 중독자가 넘쳐난다. 포르노가 합법인 나라의 경우, 긴 세월 동안 충돌과 대립의 과정을 겪으면서 그것이 청소년에게 접근되지 못하도록 하는 엄격한 견제 장치와 비판 교육이 따라붙었지만, 한국은 포르노 접근성만 무한대로 열려 있다.

이렇게 초등학생 때부터 일상적으로 본 온갖 종류의 포르노가 성착취 음란물(n번방, 박사방 등)을 제작하고 유포한 10대 후반 20대 초반의 젊은 가해자들과 그것을 보겠다고 거금을 아낌없이 지불한 수만 명의 유료 회원을 양산한 것이다.

'야동' 포르노를 오락물로 둔갑시키는 예쁜 이름

이 상황에서 포르노에 '야동'이라는 예쁜 이름을 붙여 주면, 지극히 위험한 영상물이 오락물로 둔갑한다. TV 토크쇼에 아이돌이 나와서 "야동 봤다. 재밌다."식의 농담을 하고, TV가 이 장면을 자막과 유쾌한 웃음소리 효과음을 곁들여 확산시킨다. 이렇게 되면 포르노는 누구나 다 보고 즐겨도 되는 오락물이 되는 것이다. TV에는 문화적 공인 기능이 있기 때문에 'TV에 나오는 것이면 나도 해도 된다.'라는 생각을 대중들이 무의식적으로 품게 되는데, '포르노=오락물', '섹스=게임', '성=임신만 안 하면 되는 쾌락의 도구'가 바로 TV라는 매체가 암묵적으로 공인해 버린 왜곡된 성적 가치관이다.

대중의 무의식을 형성하는 강력한 매체인 TV가 이런 만행을 저지르고 있으니, 일반 대중들은 이 문제를 인식하기도 어렵다. 포르노가 합법이어서 포르노 영화제까지 열리는 나라에서도 포르노를 오락물로 취급하지는 않는다. 오히려 그 사회의 지성인과 교육자는 포르노가 주류 문화화하지 못하도록 더 강력하게 비판하고 견제한다. 우리와 같은 포르노 무방비 사회는 세계적으로 다시 찾기 어렵다.

이런 무법천지의 사회적 문화적 환경을 20년 넘게 방치하고 있었기 때문에 2020년 초에 'n번방'과 '박사방'과 같은 대재앙급의 성착취 음란물 사건이 발생할 수밖에 없었던 것이다. 성착취 음란물을 공유하는 텔레그램의 방들만 무법천지가 아니라, 이미 우리 사회가 성에 관해서 무법천지였음을 인식하고 반성해야만 이 문제를 해결할 수 있는데, 우리 사회는 처벌 강화에만 목소리를 높이고 있다. 근원적 해결은 어려워 보인다.

'섹스=게임'을 공유하는 산업에 포위된 아이들

"성관계를 재미있고 멋있는 놀이쯤으로 생각하는 친구들도 있다고 전합니다." 2008년 연합뉴스 보도의 한 구절인데, 포르노에 중독된 초등생의 무의식에 '섹스=게임'이라는 가치관이 자리를 잡은 것을 확인할 수 있다. 그런데 사실 '섹스=게임'은 포르노 제작자의 성적 가치관이다.

> 섹스는 게임이라고 하셨잖아요? 6집 앨범 '게임' 발매하면서 '섹스는 게임이다', 지금도 너무 또 자신 있게 또 말할 수 있어요.(〈라디오스타〉 2007.12.12.)

박진영 씨가 TV 토크쇼에서 한 말이다. 박진영 씨는 포르노 제작자가 아니라 문화상품 제작자다. 그러나 포르노나 문화상품이나 그 제작자의 성적 가치관이 동일하다. 왜 이 둘은 성의식이 같을까? 둘 다 성을 상품화해서 큰돈을 벌겠다는 목표를 가졌기 때문이다. '섹스=게임'은 포르노 산업과 문화 산업만이 아니라, 광고 산업, 모텔 산업, 피임 산업, 또 피임 산업과 결탁된 성교육 단체와 제약 산업까지 광범위하게 공유하는 가치관인데, 물질주의와 소비사회의 열렬한 지지를 받는다.

그런데 문제는 한국의 특이한 매체 환경과 견제 장치의 전무함, 식별과 비판 교육의 부재로 인해서 아이들이 포르노와 문화상품을 거의 무제한으로 섭취하고 있고, 그와 동일한 가치관을 가진 성교육

단체와 피임 산업의 선전 활동에 포위되어 있다는 사실이다.

놀이화할 수 없는 성(性)을 놀이화한 대가

이렇기 때문에 한국 젊은이들은 성관계 문턱을 쉽게 넘고, 스마트폰으로 그 동영상을 찍는다. 섹스는 게임이고 윤리적 고려가 필요 없는 놀이라고 생각하니까 이것이 가능하다. 사귀면 당연히 성관계하고, 성관계하면 동영상 찍는 코스로 가는 젊은이들이 결코 적지 않다. 헤어지면 남자가 여친의 신상 정보와 함께 그 동영상을 유포한다. 일명 '복수 포르노'인데, '호랑이는 죽어서 가죽을 남기고, 연인은 헤어지면 동영상을 남긴다.'는 말이 나올 정도로 이런 류의 인격 살인 동영상이 공유 사이트에 차고 넘치게 있다. 위디스크로 대표되는 웹하드 카르텔이 그 대표적인 예다.

이런 영상을 본 남자 청소년은 어떤 생각과 행동을 하기 쉬울까? '나랑 동갑인 남자는 여친을 사귀고 성관계도 하고 동영상까지 찍는데, 나는 아직 여친이 없네! 내가 이러려고 엄마 말 잘 듣고 착하게 살았나?' 하는 자괴감이 들 것이다. 어떻게든 여친을 만든 후 "사귀니까 성관계하자."라며 성관계를 강요하게 된다. 이것이 바로 한국 젊은이들의 연애 패턴을 성관계 중심으로 바꿔 놓은 수면 밑의 주범이다.

이런 문제를 다 들춰내서 이것이 바로 인간성을 말살하는 죽음의 문화임을 분명히 지적해 주는 교육을 해야지, 콘돔만 주면 문제가 해결된다는 교육을 해서는 안 된다. 이 상황에서의 콘돔 교육은 성

관계의 내용이 어찌되었든 임신만 안 하면 된다는 잘못된 가치관을 강화시키는 부작용만 일으킨다. 피임 산업과 그에 동조하는 일부 언론이 콘돔 무료배포를 주장할 수는 있다. 그러나 교육자와 부모 중에도 이런 중요한 사실을 인식하지 못하고, 콘돔 무상제공에 동조하는 분들이 있다. 그래서 교육자와 부모의 재교육이 중요하다.

피해 여성은 삭제 업체(디지털 장의사)를 찾고, 돈이 다 떨어질 때까지 지우다가 결국 자살하는 경우도 있다. 섹스가 게임이라고? 결코 놀이화할 수 없는 인간 존엄성이 결부된 성을 놀이화한 대가가 이렇게 큰 비극인 것이다. '섹스는 즐거운 놀이야.'라고, '이거 해야 행복해져.'라고, '피임만 하면 책임과 윤리는 필요 없어.'라고, '복잡하게 생각하지 마.'라고 온 세상이 떠들고, 내 안에도 그와 동일한 목소리가 존재할 수 있다. 이것이 바로 인간 내면에 생각의 형태로 존재하는 악이다. 이놈에게 동의해서 끌려가면 처음에는 달콤하지만 그 끝이 비참하다는 사실을 분명히 교육시켜야 한다.

미디어 리터러시로
'남녀의 인격적 사랑'을 어떻게 가르칠까?

영상매체가 감춘 성교육의 핵심 주제

영화, 드라마, 뮤직비디오, 광고, 포르노그래피 등의 상업적 영상물은 성을 상품화하기 때문에 성의 자극적·쾌락적 부분만을 과장할 뿐 그 본질을 보여 주지는 않는다. 성적 결합이 생명으로 이어지고, 이것은 자연법이기 때문에 100% 피임은 존재할 수 없고, 그래서 책임이 반드시 따라야 하며, 남녀에게서 책임의 파트너십이 나오려면 그 둘이 서로 인격적으로 존중해야 한다는 중대한 사실은 감춰 버리는 것이다.

따라서 영상매체에만 노출되어 있는 청소년들은 '생명', '책임', '인격'이라는 성교육의 3대 핵심 주제를 전혀 인식조차 못하게 된다. 그렇기 때문에 교육자가 이 은폐된 진실을 발굴해서 젊은 세대가 납득할 수 있는 방식으로 가르쳐야 하는데, 그것이 미디어 리터러시 성교육이다. 그렇다면 '인격적 남녀 관계'는 어떻게 가르칠 수 있을까? 영상물과 인쇄물이 각각 사랑이라고 보여 주는 내용을 꼼꼼하게 비교·대조하며 따져 보게 하는 교육이 가장 효과적인 방식이다.

포르노와 성적 가치관이 똑같은 TV 드라마

여자가 성폭력이나 그에 준하는 행동을 당하고도 결국에는 행복해한다는 메시지는 영상매체가 이미지로 수없이 각인한 내용이다. 포르노만이 아니라, 공중파 TV의 드라마도 마찬가지이기 때문에 문제는 더 심각하다.

KBS 드라마 〈아이리스〉에서는 '이병헌'과 '김태희'가 다투다가 '이'가 갑자기 강제키스를 하고, 당황한 '김'은 단박에 따귀를 때리고 밀어낸다. 여기까지는 지극히 정상이다. '김'의 저항은 당연한 방어행동이기 때문이다. 잠시 주춤하던 '이'가 코웃음을 치며 '네가 감히'라는 태도로 '김'의 양팔을 제압하고 다시 강제키스를 한다. 갑자기 이때 낭만적 음악이 깔리면서 '김'은 모든 저항을 멈춘다. 다소곳하게 눈을 내려 감고 폭력적으로 시작된 키스를 감미롭게 즐긴다. 잠시 후 '김'은 매우 감동하여 부끄러운 듯 도망치고, '이'는 '내가 또 성공했네.' 하는 식으로 머리를 긁적이며 멋쩍어 한다. 이 장면의 배경은 강렬한 색채의 커다란 유화다. 음악이 곁들여진 정교한 연출이 이 성폭력을 낭만적 사랑의 시작으로 받아들이게끔 시청자를 조종하는 것이다.

'여자는 강제로 밀어붙이면 결국에는 성폭력이든 강간이든 다 좋아하게 된다.'라는 전형적인 포르노의 서사구조가 2분 30초의 짧은 키스신에 농축되어 있는데, 공영 방송의 TV 드라마와 최고 인기 배우를 통해서 전파되었기 때문에 그 해악이 포르노보다 더 심각하다. 그런데 이렇게 성폭력을 로맨스로 둔갑시키는 장면은 TV 드라마의 상당수에 포함되어 있다. 그러니 포르노를 보나, 이런 류의 드라마를 보나 무의식에 새겨지는 폭력적인 성적 가치관이 똑같아진다. 포르노만 포르노가 아닌 것이다. 그런데 사회적 공인 기능이 있는 TV를 통해서 방송되는 영상물에 물들어 있는 사람들은 이런 심각한 문제를 인식조차 못한다. 여성은 '박력 있는 남친이 내게도 저렇게 해줬으면!' 하고 바라고, 남성은 '아! 연애는 저렇게 밀어붙이는 거구나!'라고 여기는 경우가 많다.

미디어에는 미디어로 대응해야

폭력적인 남녀 관계를 사랑으로 왜곡하는 강력한 영상매체를 어떻게 극복할 수 있을까? "눈은 눈으로, 이는 이로, 손은 손으로, 발은 발로, 화상은 화상으로, 상처는 상처로, 멍은 멍으로 갚아야 한다."(탈출기 21:24-25)의 말씀을 따라야 한다. 대등한 대응, 즉 미디어가 왜곡시킨 것은 미디어로 바로잡아야 한다는 뜻이다.

> "왜 그런 눈으로 저를 보세요? 제 머리칼을 팔았어요. 당신에게 크리스마스 선물을 사드리려구요. 당신은 미처 상상도 못할 예쁘고 멋진 선물을 사 왔어요."
> "당신이 머리칼을 깎아 버렸건, 면도를 했건, 그것이 당신에 대한 애정을 식게 할 수는 없어요. 그렇지만 포장지를 펴 보면 왜 내가 아까 한동안 멍

하게 있었는지 알 수 있을 거요."

그녀의 하얀 손가락이 끈과 포장지를 재빨리 풀어헤쳤다. 그녀는 놀라움과 기쁨으로 가슴이 벅차 옴을 느꼈다. 그러고선 하염없이 기쁨의 눈물을 흘렸다. 포장지 안에는 머리빗이 놓여 있었다. 이 빗은 오래전부터 델라가 브로드웨이 진열장에 놓여 있는 것을 보고 갖고 싶어 했던 것이다. 바로 그 빗이 자기 소유가 되었으나, 정작 그토록 탐나던 장식물을 빛나게 해줘야 할 머리칼이 없는 것이다. 델라는 머리빗을 가슴에 꼭 품었다.

"어때요? 짐, 멋지죠? 이걸 구하느라고 거리를 온통 쏘다녔지 뭐예요. 당신 시계 이리 주세요. 이 시곗줄에 채우면 얼마나 멋진가 한 번 보게요."

"나는 당신의 머리빗을 사느라고 시계를 팔아 버렸어요. 자, 크리스마스나 축하합시다."

오 헨리의 단편 소설 《크리스마스의 선물》의 한 대목이다. 길고 아름다운 머리카락을 잘라서 판 아내에게 남편은 예쁜 머리빗을 사 왔고, 그 머리빗을 사기 위해서 시계를 판 남편에게 아내는 시곗줄을 사왔으니 둘 다 필요 없게 된 선물이지만, 서로가 선물을 어떻게 준비했는지 알게 되면서 이 두 남녀는 사랑이 이전보다 훨씬 더 깊어졌다. 이 짧은 소설은 깊은 감동과 함께 진정한 사랑이 무엇인가에 대한 깊은 통찰을 보여 준다.

청소년들이 이런 종류의 고전을 읽는다면, 남녀의 인격적 사랑이 무의식에 어떻게 각인될까? 자신에게 소중한 것을 서로가 서로에게 온전히 희생으로 내어 주는 관계가 진정한 사랑이고, 이것이 사랑의 본질이라는 가치관이 자기도 모르게 마음에 스며들 것이다. 이런 독서 체험을 한 문학소년과 문학소녀들은 부지불식간에 '생명', '책임', '인격'의 성행동을 할 가능성이 매우 높다.

매체의 내용 편향성과 그 위험

여기서 우리는 매체와 관련된 중요한 사실을 분명히 인식해야 한다. 매체는 결코 내용 중립적인 쓰기 나름의 도구가 아니라는 점이다. 인쇄매체는《크리스마스의 선물》이 보여 주듯, 진실과 진리를 잘 품어서 전달하는 반면, 영상매체는 영화, 드라마, 뮤비, 광고, 포르노가 보여 주듯 쾌락, 오락, 환상, 욕망, 폭력, 거짓, 자극을 전달하는 데 능하다. 매체는 철저하게 내용 편향적인 것이다. 매체의 이런 속성에 대해 매클루언은 "미디어는 메시지다"라고 했는데, 이것은 과장이 아니라 미디어의 위력이 막강해진 이 시대에는 사실로 확인되고 있다.

스마트폰 보급률 세계 1위, 초등생 60%, 청소년 90% 이상이 스마트폰을 가진 나라가 어디일까? 한국이다. 이는 아이들이 영상물에 포위되어서 자극과 환상에만 빠져들 뿐, 진실과 진리를 만날 수 있는 통로를 박탈당했음을 뜻한다. 이런 상황에서는 젊은 세대의 성의식이 '섹스=게임', '성=임신만 안 하면 되는 쾌락의 도구'가 될 수밖에 없다.

'생각을 권(勸)하는 매체'로 '생각을 금(禁)하는 매체'를 극복해야

영상매체는 영상, 자막, 음향 등의 복합 자극을 순식간에 전달하여 생각할 틈을 주지 않기 때문에 시청자는 그 내용에 순식간에 동화되기 쉽다. 이 매체는 비판적 사고를 교묘하게 방해하기 때문에 특정 메시지를 무의식에 각인시키는 데 효과적이다. 그렇게 세뇌된 사람은 자신이 조종당하고 있다는 사실을 인식조차 못 하는 경우가 많다. 반면에 인쇄매체는 독자가 멈추어 생각할 수 있는 여유가 있기 때문에 비판적·주체적 사고를 키워 준다.

인격적 사랑이 무엇인지 청소년들로 하여금 깨우치게 하려면 이와 같은 매체의 상반된 특성을 교육자가 먼저 파악하고, 인쇄매체를 활용하여 읽고 생각하게 하는 성교육을 이끌어야만 한다. 생각을 권(勸)하는 매체의 힘으로 생각을 금(禁)하는 매체의 손아귀에 잡혀 있는 아이들을 해방시켜야 하는 것이다. 그래야만 청소년들이 매체에 끌려다니지 않고, 매체를 내 필요에 맞는 도구로 활용할 줄 아는 지성인으로 성장할 수 있다.

> "미디어 리터러시는 중요한 정도가 아니라, 인생의 결정적인 요소가 될 것이다. 미디어 리터러시의 학습 정도에 따라 내 자녀가 대중매체의 도구가 될 것인지 대중매체를 도구로 사용할 것인지가 결정되기 때문이다."

미국의 저명한 언론인 린다 엘러비(linda ellerbe)의 말이다. 최첨단 미디어 보급은 세계 1위지만, 미디어 리터러시가 정규 교과에 아직 도입되지 않은 한국 사회가 새겨들어야 할 내용이다.

읽고, 생각하고, 쓰게 하는
미디어 리터러시 성교육 ①

성관계를 재미있게 강요하는 사회

'**노팬티 스킬**'을 실제로 구사할 때는 이런 방법을 써 보라고 제가 조언한 적이 있는데, 레스토랑이 약간 어둑어둑한 데서 술 같이 먹다가, "잠깐, 자기야 나 화장실 좀." 이렇게 말하고, 갔다가 오는 길에 "자기야 손 좀." (말하고) 손을 주면, "(팬티를) 꺼내가지고 이렇게 (주는)" "아~ 오!!!"

> **노팬티 스킬이란?**
>
> 여성이 입고 있는 팬티를 벗어서 호감이 있거나 연애 상대인 남성의 손에 쥐어 줌으로써 성관계를 제안하는 유혹의 기술.

사석에서 나누는 음담패설이 아니다. 큰 인기를 끌던 TV 토크 쇼 〈마녀사냥〉의 한 장면이다. 곧바로 사회자는 남성들의 반응을 조사한다.

> "여자 친구가 이렇게 해 주면 상당히 자극적이고 끌릴 것 같다?" "진짜
> 솔직하게 눌러 주셔야 합니다." "버튼을 눌러 주세요. 솔직하게 진짜."
> "거의 다 누를 것 같은데." "보겠습니다." "15명 중 12명이 좋다 선택."
> "아~오!!!"

이 토크쇼는 성관계가 없는 남녀의 연애를 큰 문제로 인식하고, 성관계 성공을 위한 여러 가지 유혹의 기술을 조언해 준다. 사귄 지 2년이 넘었는데 성관계하자는 말이 없는 남친을 문제라고 여긴 여성이 남친을 〈마녀사냥〉의 제작진에 신고하고, 특별 기술의 전수를 약속받는다. 여친은 성관계를 너무너무 원하는데, 남친이 털끝 하나 건드리지 않기 때문에 억지로 유지되는 순결을 '마녀사냥'은 "강제순결"이라고 명명한다. 이 토크쇼는 20대 커플이 성관계 없이 연애하는 것 자체를 중병으로 다룬다. 사실인지 의심스럽다면, 유튜브에서 '마녀사냥 레전드'로 검색하시기 바란다.

호기심과 욕망만을 자극하면서 성을 그저 쾌락의 수단으로만 여기는 가벼운 대화가 공신력 있는 방송의 형태로 전파되기 때문에 20대 젊은이들에게만이 아니라 10대 청소년들에게도 이들이 하는 말이 곧 따라야만 하는 규범처럼 인식된다. 일부의 하위문화에 불과했던 내용이 개방의 명분으로 방송을 타면서 주류문화화했기 때문에 대학 2~3학년인데도 성경험이 없으면 오히려 친구들 사이에서 '샌님', '중전마마'라고 불리며 놀림감이 된다. 우리는 성관계를 강요하는 문

화 속에서 살고 있는 것이다.

진실에 눈뜨게 하는 첫 작업은 '읽기'

이런 사회에서는 성(性)이 한 번 쓰고 버리는 물건이나 돌려먹을 수 있는 음식쯤으로 취급받는다. 성이 인간의 존엄성과 결부되기 때문에 절대로 물건이나 도구로 취급될 수 없다는 상식은 머리에 들어갈 자리가 없어진다. 심리적 무방비 상태에서 〈마녀사냥〉과 같은 상업적 영상물만 재미있게 본 결과다. 책임과 인격의 가치가 진입을 시도하면 이미 자리 잡은 생각인 '섹스=게임'이 밀쳐내기 때문에 교육자가 상처받는 경우도 많다. 그렇다면 어떤 교육적 접근을 해야 할까? 아래는 중학교 2학년 여학생이 쓴 독후감이다.

> 책을 읽으면 읽을수록 더럽다는 생각만 들었다. 애초에 하고 싶지도 않았지만 더욱 성관계를 안 할 것이다. 많이 사랑하면 그냥 자연스럽게 하는 것인 줄 알았다. '남들도 다 하니까 나도 뭐 하게 되겠지' 싶었다. 그런데 그게 아니라, 내가 하고 싶으면 하는 거였다.
>
> 아무리 사랑해도 하기 싫을 수 있는 거고, 남들이 다 한다고 나도 해야 되는 건 아니었다. 중요한 건 내 마음이다. 나는 지금까지 왜 '해야 한다'고 생각하고 있었던 것인지 모르겠다. 나는 절대 성관계를 안 할 것이다. 성인이 되면 생각이 바뀔 수도 있지만 지금으로선 정말 싫다. 나는 책임질 자신이 없다. 아이가 생기면 현실적으로는 '낙태를 해야겠다.'며 가볍게 말하지만 내 성격으로는 낙태를 못 할 것 같다. 그냥 이런저런 생각하기

싫으니 안 하는 게 마음 편하다.

보건교사가 성적인 문제로 고민이 많아 보이는 여학생(중학교 2학년)을 발견하여 상담한 후, 책 『청소년들에게 보내는 사랑과 책임의 성교육 편지 1』을 읽고 독후감을 쓰라는 과제를 내주고 받은 글이다. 교사는 '더럽다'라는 생각도 문제라고 판단해서 2차 상담을 했고, 놀라운 사실을 알게 되었다.

같은 반 남학생이 계속 "성관계하자."라고 했고, 여학생이 장난으로 "그래."라고 했더니, 남학생은 구체적인 계획을 말하면서 성관계를 강요했던 것이다. "교실에 아침 8시까지 와라. 교실에서 하자.", "학원 화장실에서 보자." "공원 놀이터에서 보자." 등등의 메시지를 보냈다. 여학생은 너무 당황스러워서 "그냥 장난이었어."라고 했더니 나중에는 남학생이 연락을 끊었고, 그 후 그 친구를 교실에서 마주칠 때마다 '더럽다.'라는 생각이 마음속에서 마구마구 올라왔다고 했다. 면담 후 진행된 읽기와 쓰기 교육이 여학생에게 문제의 뿌리를 드러내서 인식시킨 것이다.

거짓을 물리치는 '읽기'와 '쓰기'의 힘

"나는 지금까지 왜 '해야 한다'고 생각하고 있었던 것인지 모르겠다."는 여학생의 고백은 독서를 통한 자기성찰이다. 이 여학생은 왜 '성관계를 해야 한다.'는 생각을 가지고 있었을까? TV, 인터넷, 스마트폰을 통해서 일상적으로 보는 내용들이 때로는 은근하게 때로는 노골적으로 성관계를 하라는 메시지를 주입했기 때문이다. 그런데 이 여학생은 책을 읽고 스스로 생각하면서 무의식에 들어와 있는 생각이 내가 주체적으로 형성한 것도 아니고 또 거기에 끌려다닐 필요가 없다는 사실을 깨달은 것이다. "나는 책임질 자신이 없다."는 책을 읽었기 때문에 성관계에 따르는 책임이 무엇인지 알게 되었다는 뜻이다. 상업적 영상물에서는 전혀 보여 주지 않고, 피임 교육에서는 콘돔으로 임신을 막을 수 있다고만 쉽게 말하기 때문에 청소년들이 전혀 인식하지 못하는 영역이 책임인데, 읽기와 쓰기가 책임의 정확한 내용을 일깨운 것이다.

여학생이 거짓을 물리치고 진실을 인식할 수 있었던 이유는 훈련된 교사의 상담, 독서, 쓰기 지도가 있었던 덕분이다. 소비주의 물질주의 사회에서 거대 기업이 주도하는 매체의 횡포를 봉쇄하기는 사실상 불가능하다. 성을 쾌락의 도구로만 각인시키는 영화, 드라마, 뮤비, 광고, 포르노 등의 제작과 유포를 차단하기가 불가능하다면,

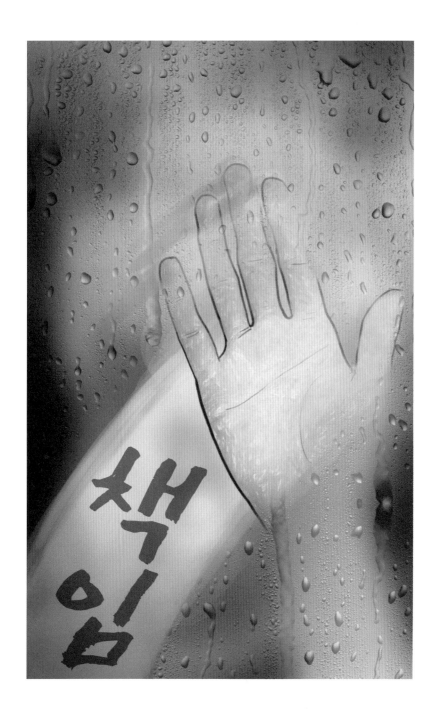

이것을 걸러 볼 수 있는 비판적 안목을 키워서 기업의 영업 활동을 무력화시키는 교육을 해야 하는데, 이것이 바로 미디어 리터러시 성교육이다. 프란치스코 교황님도 '현대 세계의 복음 선포에 관한 교황 권고' 『복음의 기쁨』에서 이 교육의 필요성을 강조하셨다.

우리는 수많은 정보가 무차별적으로 쏟아지고 있는 사회에 살고 있습니다. 이러한 사회에서는 도덕적 문제를 매우 피상적으로 다루게 될 것입니다. 따라서 비판적 사고를 가르치고, 도덕적 가치들 안에서 우리가 성숙하는 길을 제시해 주는 교육이 필요합니다.(『복음의 기쁨』62쪽)

읽고, 생각하고, 쓰게 하는
미디어 리터러시 성교육 ②

읽어야 생기는 책임의 가치관

다음은 중학교 2학년 여학생이 한 학기 동안의 미디어 리터러시 성교육 수업을 듣고, 책을 읽은 후 쓴 독후감이다. 이 글은 청소년들이 TV, 인터넷, 스마트폰을 주로 볼 때 가지게 되는 성적 가치관과 책을 읽을 때 새롭게 생기는 성적 가치관이 어떻게 다른지 극명하게 보여 준다.

나는 이 책(『사랑과 책임의 성교육 편지 1』)을 읽기 전까지 잘못된 지식을 가지고 살았다는 것을 알았다. 바로 피임에 대한 것이다. 나는 콘돔이나 피임약으로 100% 임신을 막을 수 있을 줄 알았다. 이 책을 보기 전에는 사실 피임만 제대로 하면 되니까 '성관계를 해 봐도 되려나!' 이런 생각을 했었는데 큰일 날 뻔했다. 100% 피임이 되는 것은 아니라고 하니 말이다. 책임! 평생 힘들게 살 뻔했다는 생각이 들었다.

읽은 내용 중에 스킨십에 관한 것이 있었다. 대중매체가 행동을 통제한다는 것, 그리고 저런 것에 나의 연애가 맡겨져 있다는 것. 참 무섭기도 하고 내가 한심해 보이기까지 했다. 좀 충격이었다. '연애할 때 듣는 노래가 내 얘기 같은 이유가 무엇일까?'의 답이 작사가가 우리 마음을 잘 알기 때문이 아니고, 우리가 대중문화에서 심어 준 방식 그대로 연애를 하기 때문이라고 한다. 나도 이렇게 느낀 적이 있었는데, '대중문화에서 가르쳐 준 대로 한 것이었구나!'라는 생각에 당황했다.

이 책을 읽으면서 알게 된 것이 바로 '성관계 책임 서약서'다. 여자가 임신하면 책임지지 않는 남자들이 많은데, 이 서약서는 법적 효력이 있어서 귀찮더라도 꼭 써야 한다고 한다. '소 잃고 외양간 고친다.'라는 말처럼 성적 책임의 회피를 막아야만 한다.

책에 18살 대학입시를 코앞에 둔 고등학교 3학년 언니가 나온다. 수능이 7개월 남았고 집에서 아침 7시에 나와 밤 12시에 들어오는 것이 일상인데, 이런 와중 임신을 했다. 이 언니는 혼자 애를 키울지 말지 고민을 했고, 임신을 했다는 이유로 퇴학을 당할지는 몰랐다고 한다. 이것이 강제적 낙태가 아닐까 싶다. 성관계는 생명으로 이어지기 때문에 책임이 반드시 따른다는 것을 알고 행동해야 한다.

이 책을 보면서 나한테 실망하기도 하고 내 미래가 걱정되기도 했다. 그런데 책을 읽었기 때문에 다행이라고 느꼈다. 사실 이 책을 좋은 계기로 읽은 것은 아니지만, 귀찮아서 안 읽고 있었는데 감상문을 쓰지 않으면 혼날까 봐 가방에서 꺼내 보았다. 진짜 본 것에 후회나 그런 감정 없이 나에게 너무 좋은 내용이어서 좋았다. 앞으로 내 생각, 가치관이 어떻게 바뀔지 모른다. 그래도 예전보다는 더 깊게 생각하지 않을까 싶다. 앞으로 학교에서나 학교 밖에서나 달라진 모습으로 살았으면 좋겠다.

이 여학생은 학교에서 성적인 문제를 일으켜서 보건교사와 상담을 한 후, 일종의 벌칙으로 독후감 과제를 받았는데, 교사의 섬세한 지도가 단순한 벌점 부과로는 전혀 기대할 수 없는 효과를 거두었다. 중학교 2학년 여학생이 '성관계는 재미있는 놀이'(sex=game) 그리고 '콘돔·피임약으로 임신은 얼마든지 막을 수 있다.'라는 이 시대에 팽배한 가치관에 자기도 모르게 젖어 있다가, 독서를 통해서 책임의 세계에 눈을 뜨고 그리로 들어갔기 때문이다.

성관계 책임 서약서란?

성관계를 하면서도 늘 임신일까 아닐까 불안에 시달리는 여대생들을 면담하면서 필자가 만든 문서가 '성관계 책임 서약서'다. '미혼부 책임법'이 있는 OECD 선진국에는 이런 문서가 전혀 필요 없다. 결혼과 상관없이 여성이 임신을 하면, 국가가 나서서 양육비를 지원하고, 남성에게 모두 받아내기 때문이다. 선진 사회는 개인의 성적 자유를 인정하지만 그 책임을 철저하게 묻기 때문에 그 사회의 남성은 책임을 피할 방법이 없다. 그런데 우리나라는 성적 자유만 있고, 그 책임을 묻는 법이 없기 때문에 남친에게 이 서약서라도 받아놓아야만 최소한의 안전망이 확보된다.

성관계 책임 서약서

나는 _____와 성관계를 가지면서
아래 사항을 엄숙하게 약속합니다.

	남자	여자
이름		
주민번호		
주소		
집전화		
이동전화		

1. 나는 이 성관계로 말미암아 발생할 수 있는 모든 사태를 ○○○와 함께 끝까지 책임질 것을 약속합니다.

2. 피임법을 실천한다 하더라도, 나는 이 성관계로 인해서 나와 ○○○ 사이에 임신이 가능함을 충분히 인지합니다.

3. 나는 성관계로 인해서 ○○○가 임신할 경우, 절대로 책임을 회피하지 않겠습니다. 절교를 선언한다든가, 연락을 끊으며 잠적하는 행위, 낙태를 강요하며 욕설과 폭언을 일삼는 행위를 일절 하지 않겠습니다.

4. 나는 이 성관계로 인해서 ○○○가 임신할 경우, 아기는 태어날 권리를 가지며, ○○○는 출산할 권리와 나로부터 경제적인 도움을 받을 권리가 있음을 인정합니다.

5. 나는 성관계로 인해서 ○○○가 임신할 경우, 나는 아기와 아기 엄마인 ○○○에게 부양의 의무를 충실히 수행할 것을 약속합니다.

_____년 ___월 ___일

서약자 _____(서명   )

남자가 본 서약서를 2부 작성하고, 남녀가 1부씩 분리 보관합니다.(첨부: 신분증 사본 혹은 주민등록초본)

여친에게서 이 문서를 받아든 상당수의 남친들은 매우 거북해하면서 작성을 거부했다고 한다. 어떻게든 성관계는 하려고 하지만 그에 따르는 책임은 피하려 하는 남성들의 이중적 모습이 확인된다. 이런 일을 겪은 여성은 실망감이 깊어지면서 결별을 선택하기도 하는데, 임신 후 도망쳐 버린 남친에게 배신감을 느끼고 낙태로 등떠밀리는 것보다는 헤어지는 편이 훨씬 더 좋은 선택이다.

교육자는 진실의 빛을 전해 줘야

중학교 2학년 여학생은 독서를 통해서 책임의 세계를 정확히 알게 되었다. 또한 선진국에는 법과 제도가 실시하는 책임의 성교육이 있기 때문에 피임은 성교육의 극히 일부이고, 책임이 훨씬 더 큰 성교육이라는 사실까지 인식했다. 또 글을 쓰면서 책임의 삶을 살겠다는 마음도 먹었다. 교사 한 사람이 빛을 받으면, 그 학교 수백 명의 청소년들에게 상식과 진실이 전달된다. 미혼부 책임법이 없는 우리 상황에서 책임의 성교육이 전파될 수 있는 유일한 방법은 교사 재교육이다.

읽고, 생각하고, 쓰게 하는
미디어 리터러시 성교육 ③

성교육은 가치관의 싸움

소비사회의 성적 가치관은 '섹스는 게임', '성관계는 자유롭게 해도 되고 콘돔 · 피임약으로 임신만 안 하면 됨'으로 집약할 수 있다. 그런데 이 생각은 침투력 강한 영상매체가 영화, 드라마, 가요, 광고 등에 이야기 형태로 재미있게 녹여서 전달하기 때문에 대중의 무의식에 부지불식간에 스며든다. 영상매체의 시대에는 사랑과 성에 반드시 따라야 하는 책임의 가치를 학습시키기가 상당히 어렵다.

따라서 이 시대 성교육은 '성=게임'과 '성=책임'이라는 대립된 가치관의 싸움이고, '게임'과 '피임'의 가치를 내면화시키는 매체와 '책임'의 가치를 내면화시키는 매체 사이의 전쟁터가 될 수밖에 없다. 상황이 이렇기 때문에 교육자는 전장 한복판에서 진리를 가르칠 수 있는 용기를 가지고, 책임이라는 성의 큰 그림을 청소년들에게 인식시켜 줄 수 있어야 한다. 그 방법은 읽고 생각할 수 있는 기회를 제공하여 가치관의 싸움을 도와주는 것이다.

"나는 책임지는 남자가 될 것이다."

인터넷을 보면 음란물이 많다는 것을 알 수 있다. 이 책(『사랑과 책임의 성교육 편지 1』)에서는 그런 이유 때문에 대학생 형들 누나들 사이에서 성관계를 하지 않으면 이상한 사람 취급을 한다고 써 있다. 콘돔을 쓰고 피임약을 먹어도 피임 확률이 100%가 아닌데, 사람들은 이 사실을 잘 모르고 피임만 믿고, 성관계를 쾌락의 수단으로 많이 한다고 한다. 그러다가 임신을 하면 아빠가 될 사람은 책임을 지지 않고 도망가고 여자만 홀로 남게 되는데, 이렇게 되면 여자는 낙태를 하거나 출산 후에 아기를 버리게 된다. 생명은 사랑을 받아야 하는데 귀찮음의 대상이 되는 아기들이 불쌍하고, '나 몰라라' 하는 미혼부가 밉고, 책임을 홀로 지는 미혼모의 상황이 딱하다. 결혼 후에 임신을 하면, 남녀가 함께 책임을 지기 때문에 결혼 후 성관계는 자유인 것 같다. 외국에는 성관계에 대해 남녀 모두 책임을 지도록 하는 법이 있는데, 한국에는 이 책임법이 없어서 낙태와 아이를 버리는 일이 많다. 한국도 하루 빨리 이런 법을 만들어서 아이가 사랑받지 못하는 귀찮음의 대상이 되지 않게 해야 한다. 이런 법이 만들어지면 당연히 책임지기가 두려워서 성관계를 마구 하지 않을 것이고, 버려지는 아기도 줄어들 것이다.

나는 성관계를 쾌락의 도구로 여기지 않고, 생명을 소중하게 여기면서 결혼 후에 아내와 해야겠다. 또 만에 하나 결혼하기 전에 성관계를 하게 되면 꼭 책임을 지고, 미혼모 혼자 책임을 지는 일이 없도록 할 것이다. 당연히 성폭행 등의 범죄는 절대 하지 않을 것이며, 성인이 되기 전에는 성관계를 하지 않을 것이다. 내가 진정으로 사랑하는 사람과 결혼하고 성관계를 해야겠다. 인생에서 '책임'은 어디서나 중요한 것 같다.

중학교 2학년 남학생의 글이다. 보건교사가 한 학기 동안 미디어 리터러시 수업을 했고, 마지막 단계에서 책을 읽힌 결과다. 피임이 완벽하지 않다는 사실, 선진국은 양육비 책임법이 사회적 성교육을 하면서 생명을 지키는데, 한국에는 그 법이 없다는 사실을 중학교 2학년 남학생이 정확히 인식했고, 책임의 길을 가겠다고 선언했다. 피임 교육에서는 결코 기대할 수 없는 성과이며, 성교육이 식별력과 책임으로 옮겨가야 하는 분명한 이유다.

"나는 결심했다."

이 책을 읽어 보니 여자들이 불쌍했다. 남자들이 하자 해놓고 책임을 지지 않으니 여자들만 너무 불쌍하다. 콘돔과 피임약 등을 사면 안 된다는 생각이 든다. '돈을 벌기 위해 우리 청소년들에게 너무 해를 끼치는 게 아닌가?' 하는 생각이 들었다.

100일 되면 선물을 주고받고, 또 성관계를 한다는 게 나도 솔직히 '당연한 거 아닌가?' 하는 생각을 많이 했다. 하지만 이 책을 읽고 나서 충격을 먹었다. 그래서 나는 이런 고정관념을 버렸다. 나는 책임을 질 수 있을 때만 성관계를 하고, 그 외에는 절대로 성관계를 하지 않을 것이다. 나는 요즘 연애하는 방식밖에 모르기 때문에 '더 공부를 하고 생각해 보자'라는 마음도 먹게 되었다.

이 책은 여러 상황을 편지 형식으로 설명해 줘서, '이런 때는 이렇게 하면 좋지 않을까?' 등을 생각하면서 읽어서 재미있었다. 나는 대중매체와 포르노가 무엇인지는 잘 모르지만, 그 힘을 뚫고 '야동청년이 되지 않겠다.' 라고 결심했다.

'성관계 책임 서약서'를 처음 알게 되었는데, 그 내용이 좋았고, 나도 아이를 낳을 때 꼭 써야겠다는 생각을 했다. 이 책을 엄청 잘 읽은 것 같다. 안 읽은 애들에게 추천하고, 성에 대해서 설명해 줘야겠다. 앞으로 성적인 고민이 생기면, 이 책을 생각할 것이다. 성관계를 하기 위해 연애를 한다는 남자들과 요즘 문화가 한심하다는 생각이 든다. 나도 스마트폰을 사용하는데 광고를 되도록 보지 않을 것이다. 본다면 따지면서 볼 것이다.

중학교 1학년 남학생이 쓴 글이다. '섹스=게임'이라는 왜곡된 가치가 자리 잡기 전에 보건교사가 책임의 씨앗을 뿌려 준 결과다. 이 교육은 빠르면 빠를수록 좋다.

교육자의 사명은 생명을 살리는 교육

미디어 리터러시 교육이 교사를 통해서 가능한 이유는 그 교육의 필요성을 절감한 교사들에게 체계적인 연수가 제공되었기 때문이다. 그렇게 훈련된 교사는 『사랑과 책임의 성교육 편지 1』을 30권 가량을 확보하여 수업에 활용했다. 수업 시간에 책의 중요 장을 골라 읽으면서 토의토론을 유도하여, 영화, 드라마, 광고가 보여 주는 성과 실제의 성이 다르다는 사실을 깨닫게 할 뿐 아니라, 그 내용을 글로 써서 생각을 정리하도록 이끌어주었다. 완벽한 피임이 존재할 수 없고, 성에는 반드시 책임이 따라야 한다는 사실도 정확히 강조했다. 강의, 독서, 영상물의 비판적 분석, 토의토론, 쓰기 등이 한 학기 동안 체계적으로 이루어지기 때문에 예방 효과까지 나타났던 것이다.

식별력과 책임의 성교육이 가장 풍성하게 열매 맺고 전국으로 확산되는 장소가 교사 직무연수다. 현실을 가장 잘 아는 교사들이 자발적으로 모여서 훈련받고, 사명감으로 교육에 임하기 때문이다. 7월과 12월이 되면, 한 학기 동안 수업으로 맺은 열매를 알리는 메시지가 전국에서 적지 않게 오고, 필자는 그것을 교사들에게 다시 공유한다. 양성, 교육, 정보교류의 선순환이 일어나는 것이다.

'섹스는 게임', '임신은 콘돔으로 막을 수 있다.'라는 메시지를 심어 주는 영상매체와 피임 교육에 휩싸여 있던 청소년들이 인쇄매체와 종이 · 연필을 활용한 미디어 리터러시 성교육을 만나면서 책임이라는 진실에 눈을 뜨게 된다. 이것이 바로 21세기가 교육자에게 간절히 바라는 생명을 살리는 교육이다.

교육자 양성, 미디어 리터러시 성교육의 최우선 과제

교육자가 먼저 깨달아야

미디어 리터러시 성교육 연수는 큰 변화가 발생하는 전향(轉向)의 공간이다. "강의를 들으니, 제 이전 남친들이 제게 했던 모든 말과 행동이 완벽하게 이해됩니다. 엄마가 알면 기절초풍할 이야기예요." 라고 말하는 젊은 교사를 종종 만난다. 이런 교육자는 연수를 통해 얻은 깊은 깨달음을 고백의 글로 정리한 후, 미디어 리터러시 성교육에 전심전력을 다하며 청소년을 돌본다. 다음은 그 깨어남과 결심의 글이다.

눈 뜬 장님에서 안목을 갖춘 교육자로

나는 간호사이며 보건교사다. 성교육을 담당하면서 많은 어려움을 겪었다. 간호대에서는 생식기 해부학과 생식기계 질병을 위주로 배워서 성의 사회문화적 내용에 대해서는 잘 알지 못했고, 내가 교사인데도 성교육을 위한 준비가 되어 있지 않다는 생각이 들었기 때문이다. 그러던 중 미디어 리터러시(media literacy) 성교육 연수를 받으면서 청소년 성교육의 올바른 길에 대한 확신을 가지게 되었고, 교육자로서 성교육 역량을 키우는 데 큰 도움을 얻었다.

처음 교육을 듣던 날 '나는 그동안 눈 뜬 장님이었구나! 보고도 알지 못했으니 장님이 아니고 뭐란 말인가?'라는 생각이 들었다. 내가 청소년 시절에 따라하고 동경했던 대중가요와 그 뮤비가 저런 의미를 내포하고 있다는 것에 너무 놀랐다. '나는 왜 몰랐을까? 소장님은 어떻게 저런 성적 코드들을 신기할 정도로 파악하신 거지?'라는 생각이 들었다. 매스미디어를 통해 확산되는 대중문화를 통해서 자기도 모르게 '섹스=게임'이라는 성의식이 형성된다는 명쾌한 해석은 강의가 거듭될수록 현장에서의 미디어 리터러시 성교육에 대한 확신으로 바뀌었다.

사실 나도 소장님께서 말씀하시는 기획사에서 만들어낸 '섹스=게임'이라는 가치관을 품은 문화상품을 일용할 양식으로 퍼먹고 성장한 사람 중의 하나다. 그래서 강의 중에 하시는 한마디 한마디가 나를 두고 하시는 말처럼 들릴 때도 있었고 양심에 찔림이 오기도 했다. 스스로를 돌이켜 보면 중학생 때 박지윤의 '성인식'을 통해 처음으로 '섹시'라는 말을 인식하고, 야한 춤과 선정적인 가요를 알게 되었다. 그 당시는 어려서 정확히 알지는 못했지만 뭔가 성행위를 의미하는 것 같다는 막연한 생각만 했었다.

이런 문화 속에서 성장한 나나 지금 내가 학교에서 가르치는 청소년이나 성의식이 비슷할 수밖에 없겠다는 생각을 하게 되었다. 그러면서 나 자신을 먼저 바라보았고, 체계적인 연수 과정에서 알게 된 무서운 현실을 올바로 식별할 수 있도록 아이들을 가르쳐야 한다는 교육자로서의 사명감이 가슴속에서 불타올랐다. 그러면서 제일 먼저 해야만 했던 일이 성과 관련된 나의 생각과 말과 행동을 점검하고 반성하는 것이었다. 교육자가 자신의 성의식을 되돌아보고 올바른 성가치관을 확립하는 것이 성교육 책임 교사에게 가장 시급하게 요청되는 자질이라고 생각했기 때문이다.

거부와 회피를 이기는 고백의 힘

부끄럽지만 나도 대학생과 20대 시절, 성관계가 포함된 연애를 했다. 남친과 쾌락만 즐기려 했지 생명과 책임에 대해서는 생각하지 않았다. 가르쳐 주는 사람이 없었는데, 내가 어떻게 알겠는가? 응급 피임약을 먹은 적도 몇 번 있었다. '나는 임신 안 해!'라고 생각하며 어리석게만 살았던 것이다. 당시 내 친구들도 남친과 거의 성관계를 했고, 그 친구들이 속칭 날라리가 아니고 사회적 역할을 충실히 하는 능력자들이었기 때문에 '다들 이렇게 사는구나!'라고만 여기고 깊은 고민을 하지 않았다. 이렇게 살아온 나였기 때문에 미디어 리터러시 성교육 연수를 받으면서, 가치관의 충돌이 굉장히 심했다. '성은 개인의 취향이니까 나는 잘못 산 게 아니야. 내가 옳아!'라는 생각이 마음속에서 강하게 올라왔다.

그러나 연수 중반부터는 내가 한참 왜곡된 생각을 가지고 잘못 살아왔다는 것을 깨달았다. 그렇게 사귀었던 남친들과는 모두 상처만 가득 주고받고 헤어졌기 때문이다. 내 성행동을 되돌아보면서 사회 전체가 잘못되어 있다는 심각성도 가슴 깊이 느꼈다. 생명을 경시하면서 살아왔다는 죄책감과 함께 나부터 바뀌어야 한다는 책임감이 강해졌다. 세상이 한

번에 바뀔 수는 없지만, 성을 정확히 인식시켜주는 미디어 리터러시 성교육이 나비효과를 일으키는 작은 움직임이 될 수 있고, 나도 그 나비가 되어야겠다는 작은 희망이 생겼다. 이 교육을 한 번이라도 들어보면, 나처럼 큰 변화를 체험하는 사람이 나오기 때문이다.

교육자의 사명, 식별력과 책임의 성교육

사실 이 연수를 듣기 전까지 나는 현실적으로 성교육의 왕도는 피임 교육이라고 생각했었다. 그래서 성기 모형까지 사서 콘돔 교육을 시킬 계획이었다. 10대 임신과 낙태의 증가 등의 사회 문제가 피임을 올바로 실천하지 못하고 쉬쉬하기 때문이라고 생각했고, 성과 관련된 문제의 해결책은 피임법을 알려 주는 것이라고 지극히 단순하게만 생각했었던 것이다. 성과 사랑, 생명과 책임의 큰 그림을 전혀 알지 못했기 때문에 성교육을 해야 하는 현장의 보건교사임에도 불구하고 눈 뜬 장님과 같이 누군가 옆에서 거짓말을 해도 그냥 따라가려고 했던 것이다.

지금 생각하면 무지했던 나 자신이 부끄러워진다. 미디어 리터러시 성교육과 생명, 책임, 인격의 성교육을 모르는 교육자들과 잘못된 성문화에 젖어 있는 아이들에게 생명을 살리는 성교육을 하루 빨리 알려 주고 싶다.

시대적 요청인 미디어 리터러시 성교육

다음은 프란치스코 교황님이 『사랑의 기쁨』에서 미디어 리터러시 성교육의 필요성을 강조하며 하신 말씀이다.

"청소년들이 넘치는 견해들, 통제를 벗어난 포르노, 성을 훼손할 수 있는 지나친 자극들에 맞서 비판적 사고를 키워 나가도록 해 주지 못하면서 넘치는 정보에 휩싸이게 하는 것은 도움이 되지 않습니다. 젊은이들은 자신이 성숙한 인간으로 성장하는 데 도움이 되지 않는 정보들이 쏟아져 나오고 있다는 사실을 깨달을 수 있어야 합니다. 젊은이들은 긍정적인 영향을 주는 것을 식별하고 추구하며 사랑에 대한 그들의 능력에 손상을 주는 것들은 피할 수 있게 도움을 받아야 합니다. 또한 우리는 청소년들에게 성을 알려 주는 데에 새롭고 더욱 적절한 언어의 필요성을 깨달아야 합니다."

이 교사는 고백의 글을 쓰면서 영적인 힘을 얻었기 때문에 학생들에게 책임의 성교육을 설득력 있게 할 수 있을 뿐 아니라, 그들과 영상문화를 공유하는 매체적 동세대이기 때문에 청소년들이 이해할 수 있는 방식으로 교육을 진행할 수 있다. '젊은이들이 긍정적 영향을 주는 것만을 택하고 손상을 주는 것들을 피하게 하는 식별력'인 미디어 리터러시를 키워 주고, '청소년들에게 성을 알려 주는 새롭고 적절한 언어'를 개발하라는 교황님의 당부를 실천하려면, 우리 사회가 교육자 양성에 아낌없이 투자해야 한다.

불변적 가치에 입각한 성교육

시대에 따라 변하는 문화적 가치

지금은 시대착오적인 개념이지만 조선시대부터 80년대까지 한국 사회에 큰 영향을 미쳤던 강력한 성적 가치관은 남녀칠세부동석(男女七歲不同席)이다. 반면에 현대 소비사회의 지배적인 성적 가치관은 '섹스=게임'이다. 침투력 강한 영상매체가 영화, 드라마, 뮤비, 광고, 포르노그래피 등을 통해서 무의식에 각인시키는 생각이기 때문에 젊은 세대일수록 이 가치관을 강하게 고수한다.

이처럼 성에 대한 문화적 가치는 시대에 따라 극심하게 변하고, 각 시대의 성교육은 이 가변적 가치를 반영하게 된다. 그래서 성교육은 남녀가 얼굴을 마주하지 않는 유교적 예법인 '내외(內外)'에서 여성에게만 강요되는 '순결교육'을 거쳐서 즐기되 임신만 안 하면 된다는 '피임 교육'까지 시대에 따라 변화를 겪는 것이다. 과연 성교육이 시대마다 다른 것으로 대체될 수 있는 문화적 가치만을 가르치는 것이 온당할까?

성과 인간의 삶에서 절대 불변하는 것은?

온전한 성교육은 성과 관련하여 절대 불변하는 가치가 무엇이고, 그것이 시대마다 바뀌는 문화적 가치와 어떻게 다른지를 인식시켜야 한다. '성적 욕구', '인격적 사랑', '생명력'의 세 요소가 합일되어 있는 상태가 남녀의 온전한 사랑이며 이것이 성의 항구적 가치다. 이는 남녀의 성적 결합이 필연적으로 생명으로 연결된다는 자연법에 근거한 윤리이기 때문에 결코 바뀔 수 없다. 이는 중력의 법칙이나 나침반이 정북을 가리키는 것과 같은 불변의 원칙이다.

그런데 현대 소비사회는 성적 욕구와 호기심 정도만 있으면 거기에 사랑이라는 이름표를 붙이고, 성관계를 하라고 젊은 남녀들의 등

을 떠민다. 성관계를 놀이화해야만 큰 수익을 얻는 거대 산업들이 이런 방식으로 성을 마케팅하기 때문이다. 그러면 젊은이들은 "임신하면 어떻게 해요?"라는 생명력과 관련된 질문을 반드시 할 수밖에 없다. 이 고민에 소비사회가 주는 대답은 "콘돔 써! 피임약 먹어!"다. 더군다나 상업적 영상물은 남녀가 상호 존중하는 인격적 사랑의 모습은 전혀 보여 주지 않는다. 온전한 사랑을 구성하는 세 가지 요소 중에 두 가지인 인격적 사랑과 생명력을 완전히 삭제해 놓고, 성적 욕구만 있으면 그것이 사랑이라고 소비사회가 젊은이들을 속이는 것이다.

불변의 가치에 입각한 성교육

에리히 프롬도 그의 명저 『사랑의 기술』에서 성적 욕망의 기만적 속성에 대해 "성적 욕망은 대부분 사람들 마음속에서 사랑이라는 관념과 짝을 이루고 있기 때문에, 사람들은 육체적으로 서로 원할 때 서로 사랑하고 있다는 잘못된 결론에 도달하기 쉽다."라고 명확히 지적한 바 있다. 남녀로 창조된 인간이 뱀으로 표현되는 사탄에 속아서 원죄를 저질렀던 것을 보면(창세기 3장), 환상을 활용한 기만술이 현대 사회의 문제만은 아닌 것이다. 성은 가장 깊은 차원의 욕망과 행복 그리고 생명과 관련되어 있기 때문에 성과 관련하여 속이려는 자와 싸우겠다는 의지를 가지지 않으면, 인간은 원조인 아담과 하와처럼 속아서 불행의 늪에 빠지기 쉽다. 이것이 인간의 운명이기 때문에 불변적 가치에 입각한 성교육이 반드시 필요하다.

그렇다면 성교육에서 제일 우선해야 할 주제는 무엇일까? '생명', '책임', '인격'이다. 남녀가 성적으로 결합하면 생명이 생긴다. 이는 대자연의 순리이기 때문에 누구도 막을 수 없다. 그러니까 성교육의 첫 번째 주제는 '생명'이다. 새 생명은 반드시 돌봄이 필요하기 때문에 성교육의 두 번째 주제는 '책임'이고, 책임의 파트너십이 남녀에게서 나오려면 상호 인격적 존중이 있어야만 하기 때문에 성교육의 세 번째 주제는 '인격'이다. 이것이 바로 항구적 가치에 입각한 성교육이며, 선진국이라 불리는 대다수의 나라는, 성과 관련된 다양한 이론들이 있지만, 청소년들에게 이 내용을 우선적으로 가르친다.

성교육의 세계 표준은?

그렇다면 한국 청소년들은 이 항구적 가치에 입각한 성교육을 받고 있을까?

> "우리 친구들! 피임을 하는 가장 큰 이유가 뭐라고 생각해요? 원치 않는 임신이요. 오! 정확해요. 제일 쉽게 구할 수 있고, 제일 간편하게 사용할 수 있는 콘돔. 공기를 빼 주기 위해서 위를 잡고 한 번 비틀어 줘요. 비튼 상태에서 (성기에 씌워서) 아래로 쭉! 간단하고 쉽죠?"

> "남녀 간에 서로 사랑(성관계)은 하는데 미연의 사태를 방지하기 위해 있는 거잖아요. 피임방법으로는 꼭 필요하다고 생각해요." [남자 고등학생 인터뷰]

방송에 소개된 청소년 성교육 장면이다. 콘돔 교육을 하면서 그 실패 가능성이 15%나 된다는 사실이나 실패하면 반드시 책임을 져야 한다는 내용은 청소년들에게 언급조차 하지 않는다. 그렇다면 이미 오래전에 성개방이 이루어진 미국과 유럽의 청소년 성교육은 어떨까?

해외 여러 나라의 성교육에서 빠지지 않는 건 '책임감'입니다. 무조건 성관계를 억제하기보다는 성에 대한 책임감과 바른 가치관을 길러주는 건데요. 하지 말라는 말보다, 임신과 출산 그리고 부모가 된다는 게 얼마나 엄중한 일인지를 가르치는 게 더욱 효과적이란 뜻입니다. 미국의 한 고등학교 학생들이 아기 인형을 돌봅니다. 센서가 달린 신생아 인형이 울 때마다 우유를 주거나, 기저귀를 갈아 줘야 합니다. 울음을 방치하면 낙제할 수도 있습니다. 아기 인형을 일주일간 데리고 살며 부모체험을 하는, 이른바 '아기 키우기' 실습입니다.[미국 남자 고등학생 인터뷰]
"10대 임신에 대한 생각이 바뀌었어요. 여자 친구를 임신시키는 일은 없을 거예요. 여자 친구가 아기로 인해 겪게 되는 걸 저도 함께 겪어야 될 테니까요."
네덜란드 성교육은 'NO means NO'로 대변됩니다. 싫은 것에 대해선 분명히 '안 된다'고 말하고, 상대방은 이를 '내숭'이 아니라, 정말 안 되는 것으로 받아들이도록 교육하고 있습니다. 성교육이 강화된 이후, 1970년대 12.4세였던 첫 성관계 평균 연령은 2000년대 들어 17.7세로 5년 가까이 늦춰졌습니다.('금지 아닌 책임 배우는 해외 성교육' EBS 뉴스 2015.8.27.)

이 뉴스를 보고 확실히 알 수 있는 사실은 성교육의 세계적 표준은 피임이 아니라, 책임이라는 상식이다. 선진국에서는 미혼부 책임법을 시행하여 청소년에게도 그 책임을 철저하게 묻고, 책임의 가치를 학교 성교육을 통해서 다양한 형태로 교육시키고 있다. 그 나라들의 피임 교육은 전체적인 성교육 프로그램에서 보면 극히 일부인데, 한국에서는 피임이 성교육의 전부인 것처럼 포장되고 있다. 이는 분명한 거짓이고, 이 허황된 교육이 청소년들의 인성을 황폐하게 하면서 피임 산업은 큰돈을 벌어들인다. 양육비 책임법이 입법되고 시행되어야만 책임의 성교육이 실제적으로 가능할 수 있는데, 대한민국에서는 그 길이 멀고 험해 보인다.

스무 살 사랑의 걱정,
피임약이 정말 해결해 줄까?

책임의 성교육이 전무한 우리나라에서 맹위를 떨치는 성교육은 피임 교육이다. 피임 만능의 강물은 화려하고 정교한 광고를 통해서 피임 신화를 만들면서, 흘러들어가지 않는 곳이 없다.

피임약 광고는 누구를 노릴까?

남자친구가 생긴 이후 연애를 하면서 설레는 마음도 있었지만, 사귄 후 한 달 정도가 지나면서부터는 성관계를 하느냐 마느냐를 놓고 실랑이를 했습니다. 1년 넘게 이어진 이러한 신경전에 저는 서서히 그러나 완전히 지쳐 가고 있었습니다. 이건 연애가 아니라, 일주일에 한 번씩 치러야 하는 공격과 방어의 전쟁이었기 때문이었습니다. 이때 집에서 우연히 TV에서 흘러나오는 피임약 광고를 보았습니다. 그 광고의 시작 부분에 나오는 멘트는 제 마음을 강하게 사로잡았습니다.

"스무 살의 사랑은 걱정이 너무 많다."

"스무 살의 사랑은 걱정이 너무 많다. 첫 데이트, 첫 키스, 그리고……

머시론. 이제 사랑의 걱정이 줄어든다. 에스트로겐을 1/3 줄인 내 몸에 부드러운 나의 첫 번째 피임약. 머시론~"

"머시론보다 내 몸에 순하고 부드러운 건? 솜사탕? 머시론VS 솜사탕, 카푸치노? 머시론 VS 카푸치노, 첫키스 머시론 VS 첫키스 그래도 내겐 머시론뿐이야. 피임약을 처음 시작하는 나에겐 부드러운 머시론."

"스무 살, 사랑에 빠지다. 짜릿하고 부드럽게. 그녀는 안다. 내 몸에 부드러운 피임약, 머시론. 에스트로겐을 1/3 줄인 내 몸에 부드러운 나의 첫 번째 피임약. 머시론"

공중파 TV는 물론 영화관 등 모든 미디어를 통해 전파되는 피임약 광고다. 심지어는 초등학생 어린이들이 주관객인 영화가 상영되는 극장에서도 이 광고가 영화 시작 전에 여러 번 반복되었다. 이 광고는 '스무 살'을 무척 강조한다. 스무 살이 되기를 간절히 소망하는 사람들은 누구일까? 10대 청소년들이다. 이 피임약 광고는 전형적인 청소년 타깃 광고이며, '연애하면 성관계는 당연히 해야 한다.'라는 전제를 바닥에 깔고 있다.

피임 산업은 왜 이런 광고 마케팅을 하는 것일까? 그들의 입장에서 생각해 보면 그 이유를 쉽게 알 수 있다. 청소년들이 더 이른 나이에 더 많은 파트너와 더 자주 성관계를 하면, 피임 산업은 좋을까 나쁠까? 당연히 좋다. 청소년들이 성관계를 더 일찍, 더 많이, 더 많은 파트너와 할수록 피임약을 판매할 수 있는 시장 규모가 커지기 때문이다. 그렇기 때문에 피임 산업은 청소년들을 성관계의 장으로 끌어들이는 광고 마케팅에 열을 올리는 것이다. 이는 담배 산업이 청소년 흡연자를 늘리기 위해서 어린이 청소년을 목표로 삼아 광고 마케팅을 하는 것과 동일한 현상이다.

이는 그 자체로 부도덕한 행위이지만, 우리나라에는 피임 산업의 이러한 파렴치한 영업 활동에 대한 비판적 안목을 키워 주는 식별력 교육이 없기 때문에 이러한 광고 전략이 청소년들에게 그대로 먹혀 들어가고 있다.

> 그 광고는 마치 제 마음을 꿰뚫어 알고 있는 듯했습니다. 연이어 나오는 장면은 핑크빛 옷을 입은 젊은 남녀의 연애 모습인데, 그 화면을 보니 나도 남자친구와 저렇게 낭만적이고 행복한 연애를 하고 싶다는 생각이 들었습니다. 저는 그렇게 광고에 몰입되어 갔고, 주변에 가족들이 다 앉아 있었기 때문에 무관심한 척하면서 눈은 다른 방향을 바라보았지만 이미 제 귀는 온 힘을 다해 광고에 집중하고 있었습니다. 시선은 다른 곳에 있었지만, '호르몬을 1/3로 줄인 내 몸에 맞는 첫 피임약'이라는 소리는 제 귀에 쏙쏙 들어와 박혔습니다.

전문가가 조준 사격하는데 이 카피가 귀에 안 들어와 박힐 여성은 없다. 광고가 속삭이는 대로 피임약을 먹고 성관계를 하면, 정말로 이 광고가 보여 주는 대로 낭만과 행복으로 가득 찬 연애를 하며 기쁘게 살 수 있을까?

광고 속 이미지와 현실은 극명하게 다르다

피임약은 하루에 한 알씩 정해져 있는 시간에 핸드폰 알람 맞춰 놓고 먹어야만 피임 효과가 99% 나타난다고 제약회사가 주장하는 약이다. 그렇다면 하나하나 따져 보자. 매일 꼬박꼬박 제 시간에 약을 챙겨먹기가 쉬울까? 거의 불가능하다. 보약도 그런 정성으로 먹지 않는다. 그렇기 때문에 99%의 피임 효과는 환상일 뿐이다. 또한 여성의 몸이 입력을 주는 대로 출력을 내는 기계 장치가 아니기 때문에 실험실 조건에서 측정한 99% 피임 효과가 내 몸에서 실제로 나타나기를 기대하는 것은 엄청난 무리이고 위험한 도박이다.

호르몬 제제(製劑)인 피임약은 여성의 호르몬 체계를 심각하게 교란시킨다. 피임약 복용 여성은 불안, 초조, 우울, 짜증, 근심, 걱정, 강박을 동시에 체험하며, 상당히 높은 수준의 스트레스 상황에서 살아가게 된다. 당연히 사소한 일에도 신경질을 내면서 남친과 싸우는 경우가 많아지는 것이다. 또한 피임약을 복용하더라도 '임신일까? 아닐까?'의 고민은 그대로 살아 있기 때문에 그다음 생리를 할 때까지 여성은 극도의 불안에 시달리게 된다. 장복을 하는 경우에는 20대 젊은 여성임에도 불구하고 건강상의 여러 문제가 생기는 경우도 적지 않다.

피임약 먹으면서 남친과 행복한 연애를 이어가는 여성은 극히 드물다. 이것이 명백한 사실인데도 피임 산업은 행복 자체의 삶을 사는, 피부도 아주 고운 여성의 이미지만을 보여 준다. 거대 기업이 침투력 강한 매스미디어를 악용하여 이 실체 없는 허상을 사실인 것처럼 왜곡하는 것이다. 보드리야르는 소비사회의 이런 현상을 '시뮬라크르(simulacre)-원본이 없는 복제물로서의 가짜 이미지'라고 했다. 가짜인데 진짜처럼 생생한 이미지로 제시되기 때문에 식별력을 갖추지 못한 젊은이들은 이 속임수에 완전히 넘어가게 된다.

이 광고는 거짓말이다. 그렇다면 청소년들이 이런 환상적인 피임약 광고를 보고 이것이 거짓이라는 사실을 한 번에 통찰할 수 있을까? 절대 불가능하다. 그렇다면 무엇이 필요할까? 교육자나 부모의 교육적 개입이 필수적이다. 미디어가 하는 말이 참인지 거짓인지를 분별할 수 있는 능력을 키워 주는 미디어 리터러시 교육이 성교육에 도입되어서 청소년들로 하여금 미디어가 전하는 성적 메시지의 사실 관계를 따져 보게 하는 훈련을 시켜야만 한다는 뜻이다.

> '이 약을 먹으면 내 몸에도 좋고, 남친과 더 이상 싸우지 않아서 좋고,
> 저 광고가 보여 주는 모습처럼 낭만적인 행복한 연애를 할 수 있겠지.'
> 라는 생각이 들면서 '저 약을 먹어야겠다.'는 생각이 자연스럽게 생겼
> 습니다.

이 여학생이 이 프로파간다에 속아서 실제로 약을 먹는다면, 이것이 바로 보드리야르가 지적한 '시뮬라시옹(simulation)-실제 현실이 거짓을 따라가는 현상'이다. 태초에 시각적 환상으로 여자를 속여

서 선악과를 먹였던 그 뱀이 이 시대에는 광고라는 환상으로 여자를 속여서 피임약을 먹이는 것이다.

악의 본질은 사람을 속여서 죽음으로 끌고 가는 것인데, 피임 산업이 광고를 통해 확산·심화시키는 피임 마인드(콘돔·피임약으로 임신을 막을 수 있으니 성관계를 자유롭게 해라.)가 수많은 젊은이들을 속여서 화려하게 포장된 죽음의 길에 그들을 도열시키는 것이다.

피임은 실패할 가능성이 매우 높기 때문에 피임 마인드에서 나오는 성행동은 거의 낙태로 이어지면서 인간 생명을 죽이게 된다. 그럼에도 피임 산업은 이 진실은 감추고 피임이 정도(正道)인 것처럼 세상을 속인다. 왜 그럴까? '돈을 사랑하는 것이 모든 악의 뿌리'(티모테오1 6:10)인데, 피임 산업도 이 악을 따라가기 때문이다.

피임―'책임을 피하는 기술'을 이렇게 화려하게 포장하는 사회가 과연 건강할 수 있을까? 피임약은 '스무 살 사랑의 걱정'을 해소해 주는 것이 아니라, 헤어나기 어려운 극도의 고통으로 청춘들을 끌어당길 뿐이다. 완벽한 피임이 없기 때문에 필요한 것은 낙태권이 아니라, 국가와 남성이 태아와 엄마의 생명을 모두 책임지게 하는 미혼부 책임법(양육비 책임법)이라는 정의로운 제도다. 피임은 성관계에 내재된 책임을 개인화한다. 성관계 당사자인 남녀 모두에게 공평하게 책임을 개인화한다면 그나마 나은데, 여성에게만 모든 책임을 전가시키고 결국에는 낙태로 여성의 등을 떠밀고서 그러니 낙태가 합법화되어야 한다고 주장하기 때문에 피임은 절대 성문제와 성교육의 대안이 될 수 없다.

피임약과 행복의 이미지,
그냥 믿어도 될까?

피임 교육이 말해 주지 않는 것은?

나 또한 성교육 수업을 받았고, 책임질 수 없으면 반드시 피임을 해야 한다고 배웠다. 이런 생각이 당연한 것이고, 성인이 돼서도 '내 몸은 내가 지킨다.'라는 것을 잊지 말자고 다짐했다. 하지만 스무 살, 성인이 되고 자유라는 것을 맛본 젊은이들은 성적 자유를 꿈꾸게 된다. 실제로 내 주위에서도 많은 친구들이 남친과 잠자리를 한다. 나도 혼전순결에 동의하지 않아서 좋아하니까 성관계는 당연하다고 생각했다.

하지만 문제는 그다음이었다. 정말로 남친이 좋아서 잠자리를 하고 콘돔을 사용했다지만, 여자들의 불안감은 그치지 않는다. 생리 예정일이 하루만 늦어도 전전긍긍하고 생리주기 다가오면 할지 안 할지 불안에 떠는 모습을 정말 많이 봐 왔다. 피임약 광고인 '한 줄일까 두 줄일까 수능보다 더 떨린다.'라는 카피가 공감 가는 것도 이 때문일 것이다.

콘돔의 피임 성공률은 85%. 전적으로 여자들은 이 수치에 의존한다. 콘돔만 끼면 임신이라는 걱정은 그 당시 잠깐 사라질 뿐이다. 찰나의 쾌락을 위해서 여자는 남은 기간 동안 전전긍긍한다. 나를 포함해서 성관계 후 이런 기분을 느껴 보지 않았을까?

학교에서 가르쳐 준 피임을 했음에도 불구하고 불안은 여자들을 괴롭힌다. 나는 여기에 대해 '왜 그럴까?'라는 질문을 던져 본 적이 없다. 하지만 수업을 듣고 나서 '왜?'라는 질문에 대답을 할 수 있게 되었다.

"한 줄일까 두 줄일까, 수능보다 더 떨렸다. 임신일까 조마조마했던 기억은 잊어라. 미리미리마이보라"

주요 대도시를 운행하는 버스 옆면에 도배된 피임약 광고다. 10대 청소년 타깃 광고이며, 이 피임약만 먹으면 임신의 공포와 불안에서 완전히 해방될 수 있다는 거짓 메시지를 청소년들에게 각인시키는 선전 활동이다. 그들은 홍보를 통한 설득이라고 말하지만, 그 내용과 사실이 일치하지 않기 때문에 거짓말, 즉 프로파간다일 뿐이다.

피임 산업과 유착되어 있는 광고 산업이나 성교육 단체는 늘 콘돔·피임약만 사용하면 모든 문제가 해결된다는 식의 메시지를 청소년들에게 정교하게 각인시키는 교육만을 반복한다. 그렇게 피임을 해도 불안에 시달린다는 분명한 사실과 피임에 실패 가능성이 높기 때문에 임신이 확인되면 십중팔구 낙태로 등떠밀린다는 사실은 청소년들에게 전혀 언급하지 않는다.

왜 콘돔 쓰고 피임약을 먹는데도 불안할까? 남녀가 성적으로 결합하면 생명이 잉태된다. 대자연의 순리이기 때문에 이를 막는다는 것은 근원적으로 불가능하다. 피임은 자연에 역행하는 시도, 즉 안 되는 것을 하려는 것이기 때문에 괴롭고 고통스러운 것이다. 학교에서 가르쳐 준 대로 피임을 했음에도 불구하고 계속 불안했던 현실에 대한 문제 인식조차 없었던 여학생이 미디어 리터러시 성교육 수업을 듣고 나서 현실 인식은 물론 그 고민에 대한 답까지도 스스로 찾을 수 있게 된 것이다. 100% 피임은 존재할 수 없기 때문에 여성은 콘돔을 쓰고 피임약을 먹어도 불안할 수밖에 없다. 이것이 분명한 사실임에도 불구하고 피임 산업은 주야장천으로 피임 신화를 영상매체를 통해서 확산시킨다.

피임약에 대한 환상 그리고 불안
피임산업과 유착된 광고계·성교육 단체
피임으로 모든 문제 해결된다는 메시지 전해
100% 피임 불가능, 피임약 복용 돌연사도

피임약으로 고통받는 여성들
주류 언론 피임약 부작용 거의 보도 안 해
피임약 광고는 '화려하게 포장된 거짓말'
식별 없는 청소년·청년 유혹의 길로 이끌어

기만하는 이미지와 은폐되는 현실

마이보라! 유라의 초이스. 누구를 만날지, 그 사람과 어떤 사랑을
할지, 난 내가 선택해. 사랑도 완벽해야 하니까 마이보라, 나의 선
택은 마이보라. 99% 피임효과 마이보라로 실수 없이 걱정 없게. 믿
어보라 마이보라. 내가 선택한 피임약 마이보라.

걸그룹 '걸스데이'의 유라가 출연한 피임약 광고다. 이전의 피임약
광고는 무명의 여성을 등장시켰는데, 이 광고는 청소년들에게 큰 인
기가 있는 스타를 모델로 사용했다.

"누구를 만날지, 그 사람과 어떤 사랑을 할지 난 내가 선택해!" 유
라가 직접 하는 말이다.

광고에서는 피임약을 복용하는 유라를 매우 당당하고 주체적이며
행복한 이미지로 표현해 놓았다. 그런데 과연 실제로도 피임약을 복
용하는 여성이 그런 삶을 살 수 있을까? 매일 피임약을 먹으면서 연
애를 이어가는 여성은 불안에 떨면서 전전긍긍하는 삶을 살 가능성
이 매우 높지 광고 속의 유라처럼 당당·주체·행복의 삶을 살기는
지극히 어렵다.

"사랑도 완벽해야 하니까 나의 선택은 마이보라"라고 유라가 다
시 자신 있게 말한다. 유라가 핸드백에서 피임약을 꺼내는 장면에는
'사랑도 완벽해야 하니까'라는 광고 문구가, 유라가 자신감 있게 가

르치는 포즈로 서 있는 장면에는 '나의 선택은 마이보라'가 배치되어 있다.

완벽한 100% 피임이 된다는 메시지를 담은 이미지이고, 유명 연예인이 확신에 차서 말하기 때문에 정말 완벽한 피임이 되는 듯한 느낌을 강하게 준다. 곧바로 이어지는 이미지는 '99% 피임효과'가 있다고 명시적 선언을 하는데, 피임약이 과연 99% 임신 억제 효과를 줄 수 있을까?

화려하고 당당한 광고의 하단에는 "사전 피임제는 일반적 사용 시 8%, 완벽한 사용 시 0.3%의 여성이 원치 않는 임신을 경험하였다."라는 문구가 잘 보이지도 않는 글씨로 매우 작게 적혀 있다. 매일 제 시간에 꼬박꼬박 먹어도 10% 가까운 실패가 발생하는 것이 임상실험 결과라는 뜻이다. 광고가 방송되는 TV 화면에서는 이런 내용의 존재 자체가 시청자에게 파악되지도 않은 채 다음 화면으로 넘어가 버린다. 거짓말은 큰 글씨로 선명하게, 진실은 작은 글씨로 보이지 않게 적어 놓은 것이다.

유라가 핸드폰 알람소리에 맞춰서 피임약을 먹고, 도심 야경이 내려다보이는 통유리로 된 호텔방에서 남친을 기다리는 장면을 아주 매력적으로 표현했다.

이 이미지는 '마이보라 믿고 안심하고 섹스하라'라는 행복의 메시지를 각인시킨다. 그런데 정말로 피임약이 이런 행복을 약속할 수 있을까? 광고 하단부에 또 보이지 않는 글씨로 "장기 사용할 경우 주기적으로 병의원 진료를 받으시기 바랍니다. 두통이나 메스꺼움, 혈전, 질출혈 등 부작용이 있을 수 있습니다."라고 적어 놓았다. 이미지로는 행복을 전하면서 대다수의 시청자가 그 존재조차 인식할 수 없어서 읽을 수도 없는 텍스트로는 극심한 고통을 전달하는 것이다. 이러니 "광고란 인간의 지성을 마비시켜 돈을 빼앗는 기술"(경제학자 스티븐 리이콕)이라는 말은 지극히 타당한 통찰이다. 이렇게 보이지 않는 글씨로 세세하게 적어 놓은 부작용 때문에 큰 고통을 겪는 젊은 여성들이 실제로 수없이 존재한다.

> 제 딸이 생리통이 심해서 산부인과에서 피임약을 먹으라는 처방을 받고, 몇 달 동안 먹었습니다. 부작용 중에 혈전을 유발한다는 내용도 있는데, 정말 폐혈전으로 고생했고, 2년 동안 와파린을 복용하면서 정기적으로 검사받고 지금은 완치상태입니다. TV에서 피임약을 몸에 좋은 약인 것처럼 광고하는 것을 보면 화가 납니다. 절대로 피임약은 피해야 합니다.

피임약 부작용으로 고통받는 다수의 여성들이 존재하지만 광고 이미지는 그 사실을 은폐한다. 심지어 의사 처방을 받고 특정 피임약을 복용한 후에 폐혈전색전증으로 사망한 여성이 우리나라에만 두 명이나 있었지만, 주류 언론은 이 사실을 심도 있게 보도하지 않았다. (바이엘 '야스민' 복용 후 사망자 또 발생 혈전 발생주의, 2016.7.13. 메디파나뉴스) 사망자의 유가족이나 부작용 피해자들이 돈을 모아서 사망 사례가 있었다는 사실을 광고할 수 있는 형편도 아니기 때문에 돈이 지배하는 소비주의 사회의 매체는 자금력이 있는 기업의 거짓말만 유통시킬 뿐이다.

유라는 마지막에 자신의 화룡점정(畵龍點睛)을 한다.

"믿어보라 마이보라."

유라를 추종하는 수많은 여학생들에게는 이 한 마디가 복음처럼 들릴 것이고, 또 그렇게 속을 것이다. 이 정도면 허가받은 보이스 피싱 수준이다. 그래서 필자는 이 카피를 진실의 언어로 바꾸고 싶다. "(발등)찍혀보라 마이보라"

"기만하는 모든 것은 매혹적이다." 플라톤이 『국가론』에서 한 말이다. 피임 산업이 유명인을 내세워서 만든 피임약 광고는 화려하게 포장된 거짓말이지만, 이 거짓말이 인간의 욕망을 기민하게 파악하여 만족시켜 주기 때문에 식별력이 없는 청소년 청년들일수록 쉽게 따라가게 된다. 유라가 비난받아야 하는 이유는 피임약 광고에 출연했기 때문이 아니라, 영향력 막강한 유명인이 거짓에 봉사했기 때문이다.

2장

대한민국 성교육에서 책임을 가르칠 수 있으려면?

"자식들에게 생명과 양식을 제공해 주는 어머니와는 달리, 남자는 출산에 대한 책임을 인식하고 아버지가 되기 위해 무엇보다 먼저 일정한 논리능력을 습득해야만 했다. 아버지의 출현은 문화의 탄생에도 기여했으며, 동물적인 수준과 원시적인 상태로부터 인류를 결정적으로 이끌어냈다. 그러므로 아버지는 하나의 문화적 구성물이고 고안물이라고 할 수 있다. 부성은 정신적인 의지와 의도의 세계에 속해 있으며, 아버지라는 신분은 자신이 스스로에게 부과한 것이다. 부성이 자연발생이 아니라 인위적인 창조물이라는 점에서 부성은 약점이 있다. 아버지는 어머니보다 훨씬 더 불안정한 조건들을 경험할 수밖에 없다. 오직 역사만이 남자에게 부성을 부여해 왔기 때문에 역사는 이것을 변화시킬 수 있다. 그리고 부성은 자연에서 습득되는 것이 아니라, 삶 속에서 배워야 하는 어떤 것이기 때문에 인생의 행로에서 남자는 부성을 망각할 위험성을 언제나 지니고 있다. 그래서 망각의 가능성은 역사 속에서 모든 남자들이 대면해야 하는 것이다."

『아버지란 무엇인가』31쪽~32쪽

성교육의 진실과 거짓 ①
스티브 잡스도 피해갈 수 없었던 '미혼부 책임법'

애플의 CEO 스티브 잡스는 스물세 살 때 동거하던 여자 친구가 임신하자, 그녀를 내쫓았다. "제 아기인지 확신이 서지 않았습니다. 제가 유일하게 크리스앤과 잠자리를 같이 한 남자는 아닐 거라고 확신했으니까요." 잡스 전기의 기록이다. 딸이 태어나자 잡스는 비행기를 타고 날아와서 딸의 이름을 '리사 니콜 브레넌'이라고 지었다. 딸의 성(姓)에 '잡스'를 쓰지 않도록 한 것인데, 잡스의 딸이 아님을 선언한 것이다. "그는 이후에 저나 딸아이와 엮이고 싶지 않아 했어요." 브레넌의 말이다. 잡스는 모녀에게 생활비를 전혀 주지 않았고, 둘은 정부 보조금으로 생계를 이어갔다.

당시 사업 성공으로 막대한 부를 가진 잡스에게 미국 정부가 한 일이 무엇일까? 캘리포니아 법원은 잡스가 친부임을 증명하고 그에게 양육비를 강제하기 위한 소송을 제기했다. 잡스는 변호사를 선임해서 리사가 친자가 아님을 증명하기 위해 노력했지만, 법원은 DNA 검사를 명령했고, 그 결과 친부일 가능성 94.41%가 나왔다. 법원은 잡스에게 매달 양육비 385달러를 지급하고, 친부임을 인정하는 서류에 서명할 것을 명령했다. 또한 그동안 복지기금에서 지급한 양육비 5,856달러의 상환도 명령했다. 이는 1978년 미국에서 있었던 일이며, 미혼부 책임법의 살아 있는 예다.(『스티브 잡스』, 민음사 참조)

미국만이 아니라 거의 모든 OECD 선진국에는 이 법이 강력하게 시행되고, 미성년자에게도 예외 없이 적용된다. 캐나다는 남성이 양육비 책임을 회피하면 여권사용 정지, 운전면허 정지, 벌금, 구속이 단계적으로 뒤따른다. 덴마크도 미혼부의 책임을 법제화하여 16세 이상의 남성에게 아이가 성인이 될 때까지 부양책임을 지게 한다.(〈그 남자의 권리〉, 지식채널e 참조) 성적인 자유를 청소년 시기부터 인정하되, 그 자유에 대한 책임을 사회가 철저하게 묻는 것이 선진 사회의 법제도이기 때문에 학교 성교육도 이 책임의 기초 위에 있을 수밖에 없다. 그런데 우리는 왜 지금까지 서양이 성개방과 성적 자유만 있는 나라들이라고만 알고 있을까? 누군가 의도적으로 언론과 교육을 통해서 자신들에게 유리한 정보만을 전달했기 때문이다.

부모가 챙겨 줘야 할 것이 콘돔일까?

EBS 다큐프라임 〈아이의 사생활 사춘기〉는 청소년 자녀의 성관계를 절대 반대하는 다섯 가정의 부모 열 명이 두 달 동안 청소년 성문화센터에서 교육을 받으면서 청소년도 성관계를 할 수 있다고 생각을 바꾸는 과정을 재미있게 보여 준다. 부모들이 받은 과제는 '내 아이가 성관계 전에 준비해야 할 것은?'이고, 진행자가 "처음 토크를 시작했을 때 아이의 성관계 자체를 생각하기 싫어했던 부모들이었죠? 그들이 이렇게 변했습니다."라는 멘트를 마치자, "합의하에 성관계를 갖게 전에 준비할 것, 그건 콘돔이죠."라는 한 아빠의 말이 나온다. 부모들은 '와인', '청소년 임신방지 및 건전한 성관계 키트', '잠자리', '용돈' 등을 말한다. 진행자는 "다 좋은데요, 단 하나 콘돔 챙기는 건 잊지 마세요."라고 핵심을 정리한다. 다음은 프로그램 마지막에 자막 형태로 나오는 결론이다.

> "스웨덴 학생들은 무료로 배포되는 콘돔을 쉽게 구할 수 있으며, 의사처방 없이 피임약을 구입할 수 있다."(보건교육포럼 2008)

> "덴마크는 주 3시간, 연간 3-4주 피임 교육, 초등생 이상을 대상으로 학교마다 피임 클리닉 운영"(덴마크 가족계획협회)

> "청소년은 섹스할 권리를 가지며 사람들은 이를 용인해야 하고, 청소년들이 참여하고 발언할 수 있도록 허용해야 한다."[네덜란드 RAP정책(성에 대한 책임을 스스로 느끼게 하는 정책)]

스웨덴, 덴마크, 네덜란드의 청소년들이 피임 교육을 받고, 콘돔 접근성이 좋은 것은 사실이다. 그런데 다큐프라임 〈아이의 사생활 사춘기〉는 이들 나라에 '미혼부 책임법'이 있고, 섹스할 권리에 대한 책임을 청소년에게도 철저하게 부담시키고 있다는 중요한 사실은 전혀 언급하지 않는다.

교묘하게 포장된 거짓의 성교육

청소년들 사이에서 큰 인기를 끌고 있는 성교육 웹툰 〈콘돔을 살 수 없는 이유〉는 청소년의 콘돔 구입이 불편하기 때문에 안전한 성 관계 권리를 누리지 못한다고 지적하고 콘돔 교육을 시행하지 않는 한국의 성교육을 비판하면서, 네덜란드의 예를 든다.

> "외국 사례가 모두 훌륭한 것은 아니지만, 70년대까지 청소년 첫 관계 연령이 12.4세였던 네덜란드는 조기 피임 교육과 피임구매 환경조성으로 인해 첫 관계 시 93%가 피임을 하며, 청소년 첫 관계 연령이 18.8세까지 늦춰졌다. 10대 청소년 임신율과 낙태율 모두 세계 최저인 성교육 강국이 되었다.
> 우리나라의 청소년 첫 관계 연령은 13.4세(청소년 평균 통계가 아닌 관계를 가진 청소년 대상 통계)
> 해가 바뀔수록 더욱 빨라지고 있다. 우리의 청소년 임신율과 낙태율을 낮추는 길은 책임 있는 피임 교육과 청소년의 안전을 위해 콘돔을 구매할 수 있는 온오프라인 환경을 만드는 것이다."

그런데 이는 사실과 거짓을 뒤섞은 속임수다. 결론부터 말하면 콘돔 공급만으로는 첫 성관계 경험 연령을 끌어올릴 수도 없고, 성관계를 하는 청소년의 숫자를 줄일 수도 없다. '첫 관계 시 93%가 피임을 하며'도 오해의 여지가 크다. 사실은 다음과 같다.

콘돔 공급이 첫 성관계 경험 연령을 끌어올릴 수 있을까?

"첫 경험 연령 18세 이상"은 도대체 무엇을 의미할까? 본 서 18쪽에서 2017년도 네덜란드 청소년의 첫 경험 연령이 18.6세임을 이미 확인한 바 있다. 이는 네덜란드 청소년의 대다수는 성관계를 안 한다는 뜻이다. 네덜란드 성교육이 청소년 임신율과 낙태율을 세계 최저로 끌어내리면서 세계적으로 성공했다고 평가받는 이유는 성관계 문턱을 넘는 청소년의 수를 획기적으로 줄였기 때문이다. 네덜란드 성교육은 청소년들이 되도록 성관계를 하지 않도록 설득하는 데 성공한 것이다. 청소년 대다수가 성관계를 안 하는데, 임신 낙태 등의 청소년 성문제가 발생할 리가 있겠는가?

우리나라 청소년들의 첫 성경험 연령은 13.6세(2018년 청소년건강행태온라인조사)로 네덜란드에 비해서 5년이 빠르고, 이로 인해 수많은 문제가 연쇄적으로 발생하고 있다. 서구가 성개방이고 한국은 그렇지 않다는 생각을 바꿔야만 하는 중요한 증거다.

그렇다면 가장 중요한 질문은 무엇일까? "네덜란드는 청소년들에게 무슨 교육을 어떻게 제공했기에 성관계를 하는 청소년들의 숫자를 극적으로 줄일 수 있었겠는가?"이다. 피임 교육과 콘돔의 무제한 공급만으로 첫 경험 연령을 5년 이상 끌어올릴 수 있었을까? 이건 절대 불가능하다. 네덜란드가 성교육에 성공했다고 국제적인 평가를 받는 이유는 성에 내재된 책임을 철저하게 학습시키면서 10대 청소년일 때는 어떻게든 성관계를 거절하고 자제할 수 있는 전략을 구체적으로 학습시켰기 때문이지 콘돔 접근성을 높였기 때문이 아니다. 그 결과 네덜란드 청소년은 극히 일부가 성관계를 하고, 성관계를 하는 그 소수의 대다수(93%)가 콘돔을 사용하는 것이다.

> 첫 경험 연령은 70년대 12.4세, 80년대 15.5세, 2000년대 18세로 올라갔고, **성경험이 있는 청소년들 중 93%가 피임을 하며,** 임신율과 낙태율은 세계 최저이다.(SBS 〈그것이 알고 싶다〉 305회, 누구도 축복해주지 않는 출산의 공포)

왜 네덜란드 남자 청소년들의 콘돔 실천율이 이렇게 높을까? 네덜란드만이 아니라 미국이나 유럽 남성의 콘돔 사용률은 한국에 비해서 월등하게 높다. 왜 그런 것일까? 이유는 단 하나다. 그들 국가에서는 여성이 임신을 하면 남성에게 막중한 책임을 지게 하는 법이 강력하게 실행되기 때문이다. 피임 산업이 지금보다 더 많은 콘돔을 팔고 싶다면 방법이 뭘까? 한국에 '미혼부 책임법'을 정착시키면 된다. 이것이 피임 산업이 책임의 제도를 지지해야 하는 역설적 이유다.(75차 여성정책포럼, '미혼부의 책임강화방안' 참고)

상식으로 알 수 있는 성교육의 진실

웹툰 〈콘돔을 살 수 없는 이유〉는 계속 허위 주장을 한다.

> "청소년 첫 경험 연령 13.4세. 청소년 임신율과 낙태율을 낮추는 길은
> 책임 있는 피임 교육과 청소년 안전을 위해 콘돔을 구매할 수 있는 온오
> 프라인 환경을 만드는 것이다." "콘돔 교육은 책임 교육이며 청소년을 안
> 전하게 보호하는 교육이다."

이게 과연 맞는 말일까? '책임 있는 피임 교육', '콘돔 교육은 책임
교육'이라는 말부터 잘 살펴보자. '책임 있는 피임 교육'은 '책임 있는
책임을 피하는 교육'이라는 뜻이고, '콘돔 교육은 책임 교육'은 '책임
을 피하는 교육은 책임 교육'이라는 뜻이다. '뜨거운 얼음'처럼 앞뒤
가 상충되는 우스운 말이다.

청소년 임신율과 낙태율을 낮추는 길이 정말 콘돔일까? 15%는 의
외로 높은 콘돔의 피임 실패율이다. 100의 15%는 15이고, 1,000은
150, 10,000은 1,500이다. 콘돔 믿고 성관계하는 청소년이 늘어날
수록 임신 · 낙태 · 미혼모가 증가한다는 뜻이다. 이건 상식이다. 임
신율과 낙태율을 떨어뜨릴 수 있는 유일한 방법은 네덜란드처럼 청
소년 첫 경험 연령을 올리고, 성관계하는 청소년 숫자를 획기적으로
줄이는 길뿐이다. 그러나 대한민국의 신문방송언론은 네덜란드 성
교육이 성공한 핵심인 성관계하는 청소년의 수를 획기적으로 감소
시킨 것에는 주목하지 않고, 청소년 콘돔 사용과 청소년의 자유로운

콘돔 구매에만 유독 집중한다.

피임 산업과 피임 교육단체는 콘돔만능주의를 주장할 수 있다. 그런데 EBS까지 그 내용을 방송으로 유포하면 대중은 속아서 동의하게 된다. 양심 있는 전문가 집단이 목소리를 내야 하는 이유가 바로 여기에 있다.

성교육의 진실과 거짓 ②

독일에서 한국 남학생이 독일 여학생을 임신시키면?

요즘은 청소년들이 외국으로 조기 유학을 많이 떠난다. 외국에서 한국 아이들끼리 혹은 한국 아이와 현지 외국 아이 사이에서 성적인 문제가 일어나는 경우가 종종 있다. 물론 한국 언론에는 잘 보도되지 않는다. 독일로 조기 유학을 간 한국 남학생이 독일의 현지 독일인 여학생과 성관계를 하고 임신을 하면 독일에서는 어떤 일이 벌어질까? 독일인 여학생은 출산을 하고, 독일 정부는 남학생을 출국금지시키고, 한국인 부모를 소환해서 양육비 지급 서약을 하게 한다. 그렇게 되면 이 둘은 결혼을 할까? 한국 부모는 며느리와 손자라고 생각해서 독일까지 갔는데, 독일 여학생은 "○○과는 잠깐 놀아 본 것이고, 내 취향도 아니다. 아기 아빠로만 인정할 뿐, 결혼으로 엮이고 싶지 않다."라고 딱 잘라 말한다. 실화다. 우리에게는 충격이지만, 독일에서는 이상한 일이 아니다.

이 독일 여학생은 왜 이렇게 당당할까? 여자 청소년이라도 아이를 키우는 데 편견이나 어려움이 없기 때문이다. 독일에서는 혼자 아이를 키우는 엄마를 '미혼모'라고 부르지 않는다. '단독양육모'라고 불리는 여성은 아동복지청에서 주거비용과 양육수당 등 충분한 지원을 받는다. 결혼 여부와 무관하게 남자에게는 양육비가 강제된다. 돈이 없으면 국가가 선지급하고, 나중에 국가가 구상권을 청구해서 다 받아낸다. 임신을 하면 남자는 경제적 부담이 생기지만, '단독양육모'는 아이가 성인이 될 때까지 밥벌이 걱정에서 어느 정도 해방된다. 임신하고 버림받은 여성이 극빈층으로 전락하고 당사자 남성은 아무 책임을 지지 않고도 편하게 사는 한국과는 정반대 상황인 것이다. 이것이 선진국에서 실시되는 미혼부 책임법(양육비 책임법)이고 복지다. 이 제도가 여성을 보호하기 때문에 12주 이내에 낙태가 가능해도 독일 여성들은 굳이 낙태를 잘 선택하지 않는다.

독일의 학교 성교육은?

"사춘기가 되면 남자는 아기를 만들 수 있고, 여자는 임신을 할 수 있다. 그러나 아이들은 아기를 가져서는 안 된다. 아기를 낳으려면 먼저 학교를 졸업하고, 직업교육을 받고, 취직해 생활비를 벌어야 한다. 또 아기를 키우기 위해서는 아기방과 각종 시설, 유모차, 유아용 자동차, 의자, 기저귀, 넓은 공간과 충분한 시간, 그리고 사랑과 책임감이 필요하다. 아기를 가지기는 쉽지만 부모가 된다는 것은 어렵다는 사실을 명심해야 한다."

독일의 초등 3학년 성교육 수업자료다. 종이 텍스트에 여러 빈칸이 있고, 선생님과 함께 읽으면서 그 빈칸에 알맞은 단어를 채워 넣는 방식으로 학습이 이루어진다. 확실한 책임 교육이다. 6학년에는 콘돔 교육을 받는다. 그렇다면 독일 청소년은 임신을 하지 않을까? 피임은 실패 가능성이 높기 때문에 청소년 임신은 필연적으로 발생한다.('무터킨더의 ① 독일의 성문화 ② 충격적인 독일 초등성교육, ③ 10대에 엄마아빠되는 독일 아이들' 참조)

독일의 사회적 성교육은?

"독일 시내에선 아주 앳된 모습의 소녀들이 유모차에 아기를 태우고 다니는 모습을 종종 볼 수 있다. 어림잡아 15~16세 남짓이나 되었을까? 사실 '저 나이에 어쩜 저렇게 당당하게 아이를 낳아 기를 수 있을까' 하는 마음이 들기도 한다. 독일에선 아주 어렸을 때부터 피임 교육을 철저히

시키지만, 그럼에도 불구하고 실수하여 아이가 생기면 낳는 것이 보통이다."('독일에서 여대생이 임신했다면', 오마이 뉴스 2017.8.24.)

청소년의 성적 자유를 인정하고 피임 교육도 시키지만, 피임에 실패하면 청소년에게 책임을 묻고, 청소년이 그 책임을 질 수 있도록 적극적으로 도와주는 사회가 독일이다. 대학생이 임신하는 경우는 더 많기 때문에 독일 대학은 탁아소와 유치원을 설치해서 여대생의 학업 지속을 돕는다. 이것이 법과 제도가 시행하는 철저한 생명과 책임의 사회적 성교육이고, 교실 속 콘돔 교육도 피임에 실패하면 이렇게 책임져야 한다는 전제가 깔려 있다.

청소년의 성관계 권리를 인정하고 또 콘돔 교육이 교실에서 가능하려면, 독일과 같은 튼튼한 제도가 뒷받침되어야만 하는 것이다. 유럽의 대다수 선진국이 독일과 비슷하다. 이런 나라들에서 피임은 성교육의 곁가지지만, 교실에서 콘돔 교육을 하니까 우리에게는 콘돔만 눈에 잘 뜨이는 것뿐이다. 우리나라의 언론과 피임론자들은 이 교실에서의 콘돔 교육만 자극적으로 다루면서 진실을 호도하고 있다.

한국 "성교육=피임 교육"

한국 성교육은 어떨까? '미혼부 책임법'과 복지가 없기 때문에 책임의 성교육이 존재할 수 있는 사회적 기반 자체가 없다. 그래서 '성교육'과 '피임 교육'이 동의어가 되어버렸다. 더 큰 문제는 성교육의 핵은 책임이라는 진실의 큰 그림을 보여 주는 언론도 없다는 사실이다.

한겨레 신문(2017.5.20.)의 "'쾌락', 청소년은 좀 알면 안 되나요?"
는 두 종류의 기능성 콘돔(요철식, 약물주입식)을 청소년이 사지 못
하게 한 법을 '청소년 쾌락통제법'으로 명명하고, '청소년의 성적 자
기결정권'을 침해했다고 위헌소송을 제기한 고등학교 3학년 여학생
과 콘돔사 대표의 입장을 전면 기사로 실었다.

신문을 펼쳐 놓고 보면, 왼쪽 전면을 차지한 경제민주화 관련 내
용과 청소년이 모든 종류의 콘돔을 제약 없이 다 구입할 수 있어야
한다는 내용이 동급으로 보인다. 이 둘이 대한민국의 중요 언론에서
대등한 수준으로 다루어질 만한 이슈인지 정말 궁금하기만 하다.

주간경향(2017.2.21.)의 특집 기사 "한국의 성교육, 위험한 10대
섹스 부른다"는 '가장 좋은 성교육=피임 교육'의 입장에서, 콘돔을

배제한 잘못된 학교 성교육 때문에 청소년들이 콘돔 대신 랩이나 비닐을 사용하는 위험한 성관계를 한다고 지적한다. 청소년들이 이른 나이에 성관계를 무분별하게 시작하는 것은 아무 문제가 없고, 그들에게 콘돔을 공급해 주지 않는 우리 사회와 학교 성교육이 문제라는 논조다. 이 기사에서는 유럽의 학교에서는 콘돔과 피임약을 무료 배포한다는 단편적 사실만 강조할 뿐, 유럽 선진국에 책임의 성교육이 양육비 책임법과 복지라는 거시적 차원에서 존재한다는 중대한 사실은 감춘다. 이는 전형적인 피임 산업의 논리를 언론이 받아적은 것인데, 더 큰 문제는 이 기사가 EBS 지식채널("있지만 없는 '것', 학교에서 배제된 피임 교육" 2017.5.24.)로도 제작되었다는 사실이다.

"스웨덴, 13세 이상 청소년에게 콘돔을 무료로 나눠 주는 정책 시행", 'EBS' 마크가 찍힌 화면에 나오는 이 문구만 보면 유럽의 선진국에는 피임 교육만 있고 또 콘돔무상배포가 청소년 성문제를 해결하는 최선의 수단이라는 잘못된 확신이 생긴다. 더 우려스러운 것은 2018년 초에 발표된 서울시 인권정책기본계획에 '학교 밖 청소년에게는 콘돔무상제공', '공공기관(학교, 보건소)에는 콘돔자판기설치'가 포함되어 있었다는 사실이다. 시민 의견을 반영했다고 하는데, 서울시가 유럽의 거시적 책임 제도는 못 보고, 미시적 현상인 콘돔만 본 결과다.

'콘돔무료배포' VS. '양육비 책임법과 복지', 무엇이 우선인가?

> "선동(propaganda)은 문장 한 줄로도 가능하지만, 그것을 반박하려면
> 수십 장의 문서와 증거가 필요하다. 그리고 그것을 반박하려고 할 때면,
> 사람들은 이미 선동당해 있다."

나치의 선전장관 괴벨스가 한 말인데, 언론과 교육 그리고 서울시까지 콘돔만을 성교육의 왕도로 제시하는 이 상황이 바로 선동이다. 콘돔이 정답이 아님을 증명하려면 이 책과 같은 장문의 글과 증거 자료가 필요한데, 이런 글은 꼼꼼하게 읽는 이가 많지 않다.

청소년 섹스권과 콘돔 배포가 공교육에 도입되려면 유럽처럼 남성의 책임을 강제하는 양육비 책임법, 즉 사회적 기초가 튼튼해야 하는데, 한국 언론은 심지어 EBS까지도 이 사실을 은폐한 채 콘돔만을 선전한다. 양육비 책임법과 복지가 전무한 상황에서 자판기와 무상배포로 콘돔 접근성만 높이는 것은, 기초공사도 하지 않은 상태에서 모래밭 위에 화려한 고층 건물을 짓는 것과 같다. 미국이나 유럽이 청소년들에게 콘돔을 나눠 주니까 우리도 그래야 한다는 논리가 타당성을 가지려면, 우리도 미국이나 유럽과 같은 사회 시스템을 우선적으로 갖추어야만 한다. 선진국에서 운영하는 특정 소프트웨어를 가져오려면 그것을 돌아가게 하는 하드웨어인 사회 제도도 함께 가져와야 한다는 뜻이다.

국가가 세금으로 먼저 할 일은 '콘돔 배포'가 아니라 '양육비 책임법과 복지의 확립'이다. 전자는 피임 산업의 배만 불릴 뿐이지만 후

자는 책임의 성문화 확립과 정의의 실현, 그리고 연약한 생명의 보호라는 선순환을 만들어낸다. 이런 관점에서 전 세계의 성교육 모델을 크게 둘로 대별해 보면 책임 모델과 콘돔 모델로 나누어 볼 수 있다. 책임 모델은 유럽과 북미의 선진국들이 이미 반세기 전부터 법으로 정착시킨 체계적인 제도인 반면, 콘돔 모델은 아프리카와 남미의 저개발 국가들이 사용하는 궁여지책(窮餘之策)이다. 더 깊게 따져 보면, 수세기 동안 이 가난한 나라들을 식민통치했던 선진국들이 여전히 이들을 지배하면서 급격히 불어나는 저개발 국가의 인구를 통제하기 위해 세계보건기구(WHO), 유엔아동기금(Unicef), 유엔인구조절활동기금(UNFPA), 국제가족계획(IPPF) 등의 여러 국제기구들을 통해서 낙태 정책과 함께 강요하는 인구통제 모델이 콘돔 모델, 피임 모델인 것이다.

전 세계 성교육의 두 가지 모델

그렇다면 우리 대한민국은 성교육의 어느 모델을 택해야 할까?

저개발 국가의 콘돔 모델일까? 아니면 북미나 유럽의 책임 모델일까? 콘돔 모델은 이미 우리나라가 해외 원조를 받는 후진국이었던 1960~1970년대 개발독재 시대에 해외 차관을 얻어 오고 유니세프로부터 엄청난 자금을 지원받아 실시한 피임(콘돔, 피임약, 정관수술, 난관수술)과 낙태가 결합된 인구통제 모델인데, 이것이 현재 세계 최악의 심각한 저출산 현상을 초래했다. 그 실패가 전 지구적 차원에서 완벽하게 입증된 사례가 대한민국인데 우리가 다시 그 길로 스스로 걸어 들어가야 할 이유가 있을까? 현재 한국이 택해야 할 성교육은 강력한 양육비 책임법과 복지가 뒷받침되는 유럽과 북미형 책임 모델이다. 한국은 더 이상 유엔과 유니세프가 콘돔을 무상 배포해야만 하는 아프리카나 남미의 저개발국가가 아니다. 선진국이 주도하는 국제기구가 저개발 국가에 원조와 함께 강요하는 콘돔 모델을 세계 경제 규모 10위권의 경제 대국인 한국이 스스로 다시 도입해야 할 이유가 없는 것이다.

표면만 보면 전 세계가 청소년들에게 콘돔을 무상으로 나누어 주는 것으로 보일 수는 있다. 선진국이 몰려 있는 유럽과 북미도 그렇게 하고, 저개발 국가가 주로 있는 아프리카와 남미도 그렇게 하기 때문이다. 이런 표층 현상을 이용해서 피임 산업과 언론은 대한민국이 콘돔 모델을 선택해야 한다고 선전한다. 그러나 다시 한번 강조하지만, 유럽 및 북미와 아프리카 및 남미는 그 역사와 성격이 천양지차로 다른 사회이고, 우리는 유럽과 북미의 사회적 모델을 따라야 한다.

최소한 교육자만이라도 피임 산업의 영업 전략과 선동에 포섭되지 않는 식별력을 갖춰야 하고, 따라서 현재 우리 상황에서 국가와 교육자는 콘돔무상배포와 콘돔 자판기를 지지해서는 안 된다. 성교육 모델에는 필연적으로 인간의 생명을 보는 관점이 내재되어 있기 때문에 어떤 모델을 택하느냐가 한 사회의 미래를 결정하는 데 매우 중요한 방향타 역할을 한다는 사실을 꼭 기억해야 한다.

생명을 살리는 대한민국 정치의 시작
'양육비 책임법'

한국에만 없는 '양육비 책임법'

'양육비 책임법'은 대다수 OECD 선진국에서 강력하게 실행되고 있지만, 유독 한국에만 없다. 부모 중 한 명이 양육 책임을 회피하고 잠적할 경우, 국가가 양육비를 강제로 받아내는 제도인데, 임신 후 도망쳐 버리는 남자들이 이 법의 대상이 되는 경우가 많기 때문에 '미혼부 책임법'이라고도 불린다.

성관계가 대체로 혼인 안에 있었던 시절에는 이 법의 필요성이 강하게 대두되지 않았지만 지금은 상황이 달라졌다. 문화가 바뀌면서 성관계는 놀이화되었지만, 성관계가 생명으로 이어진다는 자연법은 절대 바뀌지 않기 때문에 무책임의 문제가 수없이 발생하는 것이다. 2000년 이후 한국에서 미혼부 책임법 논의가 몇 차례 있었지만, 미혼모 단체는 늘 약자 중의 약자였고, 또 이들이 정치인들을 후원해서 자신들의 목소리를 대변하게 할 재력도 없었기 때문에 이들의 목소리는 늘 흐지부지 사라졌었다.

관심도 주목도 받지 못했던 '양육비 책임법' 입법에 불을 붙인 것은 정치권이었다. 18대 대선 당시 박근혜 후보의 공약에 "양육비 지급이행 효율화를 위해 '이행강제기관' 설치 및 법률서비스 제공"이 명시된 것이다.(정책공약집 '세상을 바꾸는 약속', 78쪽) 박근혜 후보는 양육비강제기관을 신설하여 양육비를 받지 못하는 여성들의 어려움을 해결해 주겠다는 약속을 했고, 대선 직후 당시 집권당인 새누리당의 민현주 의원이 "양육비 이행확보 지원기관 설치에 관한 법률안"(2013.2.21.)을 대표 발의했다.

양육비 이행확보 지원기관 설치에 관한 법률안
(민현주의원 대표발의)

의 안 번 호	3818

발의연월일 : 2013. 2. 21.
발 의 자 : 민현주 · 유승우 · 김태원
李宰榮 · 유승민 · 이한성
권은희 · 문정림 · 김기현
강은희 · 김명연 · 김기선
민병주 · 류지영 · 박인숙
의원(15인)

18대 대선공약 '양육비 책임법'의 놀라운 내용

놀랍게도 이 법안에는 미국, 캐나다, 유럽 여러 나라에서 시행되는 '미혼부 책임법'의 강제 조항이 상당 부분 포함되어 있었다. 국가가 양육비 회피자의 소득과 재산을 조사하여 재산과 세금환급예정액을 압류·추심할 수 있고, 출국금지까지 할 수 있는 것이었다. 운전면허정지, 소재지 파악, 지명수배, 벌금, 체포, 구속 등의 강제 조항은 없지만, 입법 청원도 전혀 없었는데 집권당 의원 15명이 대통령 취임식도 하기 전에 법안을 발의했기 때문에 여성표만 얻겠다는 빈 약속이 아니었던 것으로 보인다.

이 법은 임신과 양육에 대한 남성과 국가의 책임이 전무했던 한국의 법제를 보완해 줄 뿐 아니라, 책임의 성교육을 실체화해 주는 제도적 기반이 된다. 이 법이 있어야만 청소년에게 콘돔만 나누어 주면 성문제의 상당 부분이 해결된다는 망상에 가까운 주장이 힘을 잃게 된다. 우리나라에는 양육비 책임법이 없기 때문에 '성교육=피임 교육'이라는 이상한 등식이 탄생했고, 그 결과 날이 갈수록 피임 산업이 번창하고, 피임 실패 후 도망간 남자들이 늘어날수록 낙태 합법화의 목소리가 높아지고 있다. 이런 심각한 상황에서 대선 후보의 공약집에 "양육비 지급이행 효율화를 위해 '이행강제기관' 설치 및 법률서비스 제공"이라는 내용이 명문화해서 들어가고, 이를 실행하는 법안이 발의되었다는 사실이 필자에게는 말 그대로 기쁜 소식으로 다가왔다. "나의 백성에게 물을 마시게 하려고 광야에는 샘을 내고 사막에는 강을 낸다."(이사야 43:20)는 말씀처럼 다가온 것이다.

심사 결과는 '대안반영의 폐기'

그러나 이 법안은 약 1년 후에 폐기판정(2014.2.21.)을 받았다. '양육비이행관리원'은 만들어졌는데, 강제조항은 모두 삭제된 것이다. '출국금지요청권한'의 삭제 이유는 "단순 채무불이행자에 불과한 양육비 미지급자를 「출입국관리법」 제4조 제1항 제5호의 '대한민국의 이익이나 공공의 안전 또는 경제질서를 해칠 우려가 있는 사람'으로 해석하기는 어렵다고 함."이다. 양육비 회피자는 단순 채무불이행자가 아니라, 한 가정과 어린 아이의 인생을 파괴하고 깊은 내침의 상처가 대를 이어내려가게 하는 심각한 범죄자다. 이 법안을 심의했던 법안심사 위원들의 사안에 대한 인식이 많이 부족해 보인다.

압류·추심 권한의 삭제 이유는 "법무부는 사법부가 아닌 행정부 소속의 위원회가 압류명령 또는 추심명령의 효력을 가지는 의결을 하는 것은 현행 삼권분립의 취지 및 민사집행체계에 반함. 법원이 기각결정을 하였음에도 이행관리원장이 위원회의 의결로 직접 압류를 행할 수 있다고 한다면, 이는 사법권에 대한 침해 여지가 있다고 함."이다. 미국 연방보건복지부 산하의 '자녀양육비이행국'은 부모의 소득과 재산을 조사·압류할 수 있는데, 미국이나 유럽의 경우는 어떻게 이것이 가능한지 궁금하기만 한다.

이렇기 때문에 '양육비이행관리원'은 부모가 양육비 지급을 고의로 거부해도 강제로 받아낼 수단이 전혀 없다. 또 당사자가 동의하지 않으면, 주소나 근무지, 소득과 재산을 조사할 수도 없다. 이 기관이 할 수 있는 일은 지급권고뿐이다. 2015년에는 6,496건 중 844

건(13%)만 이행되었는데(동아일보 2016.3.21.), 강제권이 없다는 사실이 알려지면 지급률은 더 떨어질 것이다. 대선 공약을 건 후보가 대통령으로 당선이 되고, 집권당 의원들이 공동으로 법안 발의를 하더라도 양육비 책임법 같은 상식적이고 보편타당한 법안이 가볍게 폐기될 뿐 아니라, 이 중요한 법에 대해서 언론이 대대적으로 보도하지도 않는 것이 대한민국 현실이다. 낙태죄 폐지를 옹호하는 언론의 보도와 비교하면 그 절대적인 차이를 확인할 수 있다. 선한 사회는 결코 저절로 만들어질 수 없다는 진리를 우리 모두가 체험한 것이다.

여성들이 우선 보장받아야 할 권리는 '양육권'

책임의 성교육에 깊게 공감하는 지인이 필자에게 다음과 같은 메시지를 보냈다.

> 선생님 사실 저는 아이 둘을 키우고 있는 미혼모입니다. 대학원 시절 알았던 남자는 헤어진 후 임신 사실을 알고 책임지려 하지 않았습니다. 십 년 후 다른 사람과의 사이에서 낳은 딸은 이제 중학교 2학년이 되었습니다. 요즘 저는 두 아이에게 너무 큰 굴레가 된 이 땅을 떠나고 싶습니다. 그런데 돈도 없고 경력도 없어 힘드네요.
> 저는 아이 둘을 키우며 온갖 일들을 하다 마흔여덟에 ○○대에 들어가서 올 2월에 졸업한 신규 ○○교사입니다. 혹시 현행법상 25년이 지난 지금 생부로부터 보육료를 받을 수 있는 법적 장치가 있을까요? 당연한 질문

을 이리 장황하게 하는지 모르겠네요.

지난 세월 단 한 푼도 도움 받은 일이 없었습니다. 그리고 희망 없는 미혼모들을 돕고 힘이 되어 주는 일을 하고 싶습니다. 저는 너무 갇혀 있어 길을 알아내기가 힘드네요. 혹시 루트를 아신다면 좀 알려주시기 바랍니다. 수고에 늘 감사드립니다.

이분이 미혼모이고 이렇게 힘든 삶을 살았다는 사실에 대해서 그 동안 전혀 몰랐다. "양육비이행관리원에 연락해 보세요."라는 즉답을 했지만 한숨만 나왔다. 답이 안 된다는 사실을 잘 알기 때문이다. 헤어진 후 임신 사실을 알거나, 임신 후 남자가 책임을 회피하는 문제를 모두 낙태로 해결해야 할까? 조국 민정수석은 헌법제에 "국가와 남성의 책임은 완전히 빠져 있다."라고 문제의 핵을 정확히 지적하면서도 낙태죄 폐지를 용인하는 언급을 했다.

> "첫째, 교제한 남성과 최종적으로 헤어진 후에 임신을 발견한 후 어떻게 하나. 둘째, 별거 또는 이혼 소송 상태에서 법적인 남편의 아이를 임신했음을 발견했을 때 어떻게 하나. 셋째, 실직이나 투병 등으로 인한 경제적 어려움으로 아이 양육이 완전히 불가능한 상태에서 임신을 발견했을 때 어떻게 하나. 이 세 가지 경우 현재 임신중절하게 되면 그건 범죄다."

세 경우 모두 책임 소재가 명백하기 때문에 남성에게 책임을 묻고, 국가가 복지제도로 여성을 돕는다면 여성이 굳이 낙태를 택할 필요가 없다. 거의 모든 OECD 국가에 이런 제도가 완비되어 있다.

선진국 중 이 제도 없이 낙태만 합법화된 나라가 없고, 낙태죄 폐지 보다 양육비 책임법과 복지가 훨씬 더 먼저 있었다. 그런데 대한민국의 어느 언론도 이런 명백한 사실을 보도하지 않는다. 뉴욕 타임즈(2018.1.13.)는 '한국은 낙태금지법이 있는 몇 안 되는 부유 국가 중 하나'만을 강조할 뿐, 다른 부자 국가에 있는 양육비 책임법과 복지가 한국에만 없다는 사실은 감춘다. 절박한 여성을 돕기 위해서라면, 낙태죄 폐지가 먼저일까? 양육비 책임법과 복지가 먼저일까?

18대 대선 때 낙태 비범죄화를 대선 공약으로 제시하고, 그 법적 처리를 시도하는 천주교 신자 정치인도 있었다. 궁지에 몰린 여성을 돕고 위기에 처한 태아의 생명을 살릴 수 있는 법적 해법이 분명히 있고, 다른 모든 선진국들은 다 그 길을 법으로 보장하고 있는데 그 정의로운 방식에는 전혀 관심을 두지 않고 태아를 죽이는 일에 천주교 신자 정치인이 몰두한다는 것도 참으로 이해하기 어렵다.

생명을 살리는 정치는 그리스도교 신자의 의무

"그리스도인에게 정치참여는 의무입니다. 우리는 빌라도와 같은 행동을 할 수 없습니다. 손을 씻으며 뒤로 물러나는 짓을 할 수 없습니다. 우리는 정치에 참여해야만 합니다. 왜냐하면 정치란 공동선을 찾는 사랑의 표현이기 때문입니다. 따라서 그리스도인은 정치행동을 해야만 합니다. 오늘의 정치는 많이 타락했습니다. 왜 그리스도인이 복음정신으로 정치가 타락하지 않도록 하지 않습니까? 모든 탓을 정치인에게 돌리기는 쉽습니다. 하지만 나는 무엇을 했습니까?"

프란치스코 교황께서 하신 말씀이다. 교황님이 그리스도교 신자들더러 정치에 참여하라고 하신 이유는 표를 얻기 위한 이권 다툼에 끼어들라는 뜻이 아니라, 정치인들이 선한 정책을 수립하고 실행하도록 그리스도교 신자들이 정치인들에게 선한 압력을 가하라는 뜻이다.

성(性), 함부로 인연을 맺지 마라

다음은 남자친구의 집요한 성관계 강요를 받으면서 성관계를 해 줘야 하나를 심각하게 고민했던 여학생이 미디어 리터러시 성교육을 접하고 쓴 깨달음의 글이다.

'TV에서 광고하는 피임약을 먹으면 성관계 문제로 남친과 싸우지 않을 수 있고, 또 그 광고처럼 낭만적인 연애를 할 수 있지 않을까?' 하는 고민을 하던 차에 저는 우연히 생명과 책임 그리고 미디어 리터러시에 입각한 성교육을 여러 번 깊이 있게 접할 수 있었습니다. 그것은 단순한 피임법이 아니었고, 성이 어떤 방식으로 우리 인생 전체와 결합되어 있는지를 깨우쳐 주는 체계적인 교육이었습니다. 이 교육을 받으면서 저는 남자친구와 인생의 지향점이나 가치관이 다르다는 것을 알게 되었고, 성관계와 관련된 끝이 보이지 않는 실랑이 끝에 결국 헤어졌습니다.

이제는 제대로 알고 있습니다. 성관계는 생명이 탄생할 수 있는 가능성을 긍정할 수 있을 때, 남녀 모두 생명을 책임지겠다는 마음과 실천의 준비가 갖추어져 있을 때 해야 한다는 것을요. 피임이 100% 임신을 막아

줄 수 있는 것도 아니고, 이 상황에서 내가 임신을 하면 거의 100% 낙태로 등 떠밀린다는 것을 뻔히 알면서 성관계를 할 필요는 없다는 것을 알게 되었습니다. 추락할 가능성이 매우 높은 비행기를 굳이 탈 필요가 없다는 것을 깨달았습니다. 앞으로는 생명의 소중함을 아는 사람, 성관계는 진정으로 사랑하는 남녀가 결합하여 생명을 향해 가는 동행의 길이라는 사실을 알고 있는 책임성 있는 남자를 만나고 싶습니다.

이 여학생은 강의를 듣고 나서 자신의 연애가 로맨스와 성관계에만 초점이 있었지 둘 사이의 인격적 신뢰나 장기적 인생 계획에 대해서는 거의 공유되는 부분이 없다는 사실을 깨달았다. 영화 보고 차 마시고 즐거운 시간을 보내다가 갑자기 대화 주제가 성관계로 가면 팽팽한 줄다리기가 시작되었다고 했다. "만난 지 한 달 정도밖에 안 되는데 성관계를 빠르게 하고 싶지 않고, 피임이 완전하지 않은데 어떻게 그걸 믿고 성관계를 할 수 있냐?"고 하면, 남친은 "그러면 너는 사고 위험이 있는데, 자동차는 어떻게 타냐?"고 면박을 주었기 때문에 데이트가 늘 싸움으로 끝났다는 것이다.

'성관계와 임신'의 짝이 '자동차와 교통사고'의 짝과 동급일까? 교통사고는 자동차를 이용한다고 해서 필연적으로 발생하는 인과율의 사건이 아니지만, 성관계는 임신을 유발하는 유일하고 필연적인 원인이다. 사고는 우연히 발생하지만 우연한 임신은 결코 있을 수 없는데, 해괴한 논리로 성관계를 강요하는 마음 안에는 여친을 진심으로 아끼고 책임을 다하려는 사랑을 찾기 어렵다. 이 여학생은 남친이 자신을 사랑하기보다는 이용하려 한다는 사실을 깨닫고 이별을 결정하고, 책임성 있는 남자를 만나겠다는 소망을 품었다. 용기 있고 지혜로운 선택이다. 사랑의 본질적 의미를 깨닫고 책임의 삶을 살겠다는 마음을 품었기 때문에 이 여학생은 그런 남자를 만날 것이다.

남자가 배워야 할 성적 가치관은 책임

남녀의 성적 결합은 생명으로 이어지고 그 생명은 반드시 돌봄을 필요로 하기 때문에 사랑에는 반드시 책임이 따라야 한다. 우리 사회는 이 책임의 가치관을 남자 청소년들에게 학습시킬 방법에 대해 깊이 고민해야만 한다. 그러나 무절제한 욕망을 자유로 포장하는 사회에서 남성들에게 책임을 학습시키기는 매우 어렵다. 그래도 교육자는 그 방법을 찾아야만 한다.

> "막막하죠. 오늘도 행여나 일이 있는 줄 알고 갔는데 없다고 하니까 마음은 더 조급해지고, 당장 아기 분유도 다 떨어져 가는데 걱정이에요. 사랑하면 '돈도 필요 없고, 이 사람만 있으면 된다.' 그렇게 생각했는데, 시간이 지나니까 그걸 뼈저리게 느끼는 거예요. 사랑하기 위해서는 돈도 있어야 하고, 사랑하기 위해서는 나에게 능력도 있어야 된다. 그걸 뼈저리게 느끼게 됐죠."

KBS 현장르포 동행 '스물 넷 아빠의 첫 겨울'에 소개된 아빠의 인터뷰다. 이 아빠는 아내와 갓 태어난 아들을 책임지기 위해서 눈물겨운 노력을 한다. 막노동도 하고 편의점 일도 하지만 가족을 부양하는 것이 여의치 않아서 꽃게잡이 배를 탔는데, 승선 첫날 뱃멀미 때문에 일을 하지 못해서 꽃게를 실으러 온 배를 타고 다시 육지로 돌아가야만 했다.

"이렇게 나약한 나 자신이 한심스럽고, 당연히 처자식 보기가 부끄럽죠."는 배에서 쫓겨난 후 육지로 돌아가는 다른 배에서 한 말이다. 그래도 이 아빠는 포기하지 않았다. "이제 멀미 안 하나 보네요?" "네. 생각했죠. 여기서 또 토해 버리면 또다시 물 건너간다는 생각으로 멀미해도 삼키고 삼키고 해서 버텼죠. 이제 적응됐어요." 며칠 후에 다시 찾아간 취재진이 배 위에서 일하고 있는 아빠와 나눈 대화다. 솟구치는 구토를 삼켰다고 했다.

이것이 바로 아이가 태어나서 자랄 때까지 반드시 따라야 하는 아빠의 책임이고 사랑이다. 남자 청소년들은 이런 책임의 가치관을 우선적으로 배워야지, 콘돔으로 대표되는 다양한 피임 기술을 먼저 익혀서는 안 된다. 이 가난한 부부에게서 책임의 파트너십이 나올 수 있는 이유는 이 둘이 서로 인격적으로 존중하기 때문이다. 청소년들은 책임과 신뢰에 바탕을 둔 이 온전한 사랑을 먼저 배워야 한다.

책임과 존중이 없는 성관계가 결국 가는 길은?

성과 생명은 사랑과 책임의 끈으로 항상 연결되어 있어야만 한다. 이 넷이 분리되면 반드시 문제가 발생하는데, 성관계를 놀이화(sex= game)하는 소비사회는 이 넷을 분리해서 사는 것이 멋지고 아름답고 진보적이라고 거짓 포장을 하기 때문에 많은 사람들이 속아서 큰 고통을 겪는다. 이 사실을 정확히 청소년들에게 깨우쳐 주려면 "성관계는 언제 해야 성관계가 행복으로 이어질까?"라는 질문을 던져서 깊이 생각할 수 있도록 도와줘야 한다. 법정 스님이 "함부로 인연을 맺지 마라."라는 말씀을 하셨다.

> "인연으로 피해를 보는 것은 진실 없는 사람에게 진실을 쏟아부은 대가로 받는 벌이다. 함부로 인연을 맺지 마라. 진정한 인연과 스쳐가는 인연은 구분해서 맺어야 한다. 진정한 인연이라면 최선을 다해서 좋은 인연을 맺도록 노력하고, 스쳐가는 인연이라면 무심코 지나쳐 버려야 한다. 그것을 구분하지 못하고 만나는 모든 사람들과 인연을 맺어놓으면, 쓸만한 인연을 만나지 못하는 대신에 어설픈 인연만 만나게 되어 그들에 의해 삶이 침해되는 고통을 받아야 한다."

"강의를 들어 보니 제가 지금 벌을 받고 있다는 사실을 알게 되었어요."라며 울먹이는 여대생을 만난 적이 있다. 필자는 이제 깨달았으니 더 이상 벌받지 말고 헤어지라고 조언을 해 주었다. 그런데 이 여학생은 성관계 동영상을 여러 번 찍어서 헤어지는 것이 불가능하다고 했다. 이별을 말하려 하면 "동영상을 아빠에게 보낸다." "엄마에게 보낸다." 하며 협박이 이어지기 때문에 꼼짝없이 노예처럼 살고 있다는 것이었다. 놀이처럼 쉽게만 생각했던 성이 결국에 사람을 잡는 올가미가 된 것이다. 이것이 성을 놀이화한 사회의 큰 비극이다. 식별력을 키워 주는 예방교육만이 유일한 해법이다.

책임의 성교육을 위한 국가의 책임은?

2017년 11월 26일에 청와대는 국민청원 게시판에서 23만 명의 동의를 얻은 낙태죄 폐지 청원에 대한 공식 답변을 내놓았다. "현행 법제는 모든 법적 책임을 여성에게만 묻고 있다는 문제가 있습니다. 국가와 남성의 책임은 완전히 빠져 있습니다." 조국 민정수석은 문제의 핵을 정확히 지적했다.

이는 임신, 출산, 양육에 대한 국가와 남성의 책임이 우리나라 법에는 전혀 없고, 낙태를 할 경우 여성만 처벌하는 불합리가 우리 법제의 맹점이라는 사실을 정부가 잘 알고 있다는 뜻이다. 그렇다면 우선되어야 할 일은 무엇일까? 낙태죄 폐지가 아니라, 국가와 남성의 책임을 법제화하는 작업이다. 우리가 선진국으로 알고 있는 거의 모든 나라에는 낙태죄 폐지보다 앞서서 국가와 남성의 책임이 법제화되어 있고, 이것이 남성들에게 철저한 책임의 성교육을 시키고 있다.

임신에 대한 국가와 남성의 책임이란?

EBS 지식채널e '그 남자의 권리'는 남성이 아버지로서의 책임을 다하도록 하는 국가의 책임이 무엇인지 잘 보여 준다. 캐나다에 사는 남자와 여자, 덴마크에 사는 남자와 여자. 서로 사랑하는 젊은 연인들. 그러나 성인이 되기 전 준비 없이 맞이한 임신이라는 큰 변화에 대해 여자 청소년은 "제 인생에서 가장 놀라운 변화예요. 아이를 선택한 이상 제 모든 생활이 바뀔 거라고 생각해요."라고 말하고, 남자 청소년은 "아이 이름을 제 성을 따라 지었어요. 이제 아이의 양육비는 제 책임이 됐다는 뜻이죠. 이 책임을 피할 수는 없어요."라고 말한다. 이들 나라에서는 학교 다니는 청소년이 임신해도 여학생은 대체로 아이를 낳고, 남학생은 아버지가 되어서 양육비가 포함된 책임을 진다. 법과 제도가 임신한 청소년에게 출산과 책임의 선한 선택을 쉽게 할 수 있도록 유도하기 때문이다.

캐나다의 미혼부는 양육비 책임을 회피할 경우, 여권사용 정지,

운전면허 정지, 벌금 혹은 구속까지 뒤따르게 된다. 정부에서 지원하는 아동수당, 교육비 등과 함께 아이가 자라는 동안 반드시 뒤따라야 하는 것이 아빠의 책임이다. "가장 큰 변화는 이제부터 제가 한 아이의 법적인 부양자가 됐다는 거예요. 이 책임을 피할 수는 없어요." 아빠가 된 남자 청소년의 말이다. 덴마크의 미혼부는 16세 이상의 남성에게 적용되는 '미혼부 책임의 법제화'에 따라 아이가 성인이 될 때까지 부양책임을 져야만 한다. 덴마크의 정치학자 아테네 보르코르스트는 "현재의 복지국가를 유지할 여유가 있건 없건, 미혼모에 대한 혜택만큼은 철저히 보호되어야 한다."라고 주장한다. 혼자 아이를 키우는 어린 엄마들도 보통의 엄마들과 똑같이 복지혜택을 차별 없이 누리고, 그 아이들도 편견 없는 시선 속에서 자랄 수 있다.

미혼부의 양육비 지급을 규정해 왔던 미국에서 2006년 24세에 미혼부가 된 컴퓨터 프로그래머 맷 두베이가 국가에 소송을 제기했다. "원치 않는 임신의 경우, 여성들은 낙태, 입양, 양육 중에서 선택하는 순간이 있습니다. 그러니 남성들도 재정적 책임을 거절할 수 있도록 해 주십시오." 미혼부의 책임을 둘러싼 사회적 논란이 일어났고, 그 남자의 권리에 대한 법원의 판단은 "그와 비슷한 처지의 남성들이 겪는 불평등보다 훨씬 중요한 것은 부모로부터 경제적 원조를 보장받아야 하는 아이의 권리다."였다. 법이 철저하게 약자의 편에 서서 정의로운 판단을 한 것이다. 한국의 경우, 2001년 이후 미혼부 책임의 법제화 논의가 몇 차례 시도되었지만 무산되었다. 현재 한국은 미혼모, 미혼부에 대한 정확한 통계조차 없다.

우리 정부가 내놓은 낙태보완 대책

선진국은 임신, 출산, 양육과 관련된 남성의 책임을 국가가 법으로 철저하게 물어서 최약자인 아기와 여성을 보호하는 살림의 정치, 생명의 정치를 철저하게 시행하고 있다. 책임이 그 사회의 가장 밑바탕에 깔린 시민 의식인 것이다. 그렇다면 우리 정부가 내놓은 낙태보완 첫째 대책은 무엇일까?

> "정부 차원에서 임신중절 관련 보완대책도 다양하게 추진하겠습니다. 먼저 청소년 피임 교육을 보다 체계화하고, 여성가족부 산하 건강가정지원센터를 통해 가능한 곳부터 시범적으로 전문상담을 실시하겠습니다."

청소년 피임 교육의 체계화가 정부가 제안한 첫째 대책이다. 임신과 관련된 국가와 남성의 책임이 완전히 빠져 있다는 정확한 진단을 했는데, 처방은 오류를 범한 것이다. 민정수석을 비롯한 정부 관계자들이 대부분의 OECD 선진국에 양육비 책임법이 강력하게 시행되고, 그것이 학교 성교육과 연계되어서 청소년들에게까지 철저한 책임의 성교육을 시킨다는 사실을 몰라서 이런 오류 처방을 내렸을까? 청와대 참모들이 이 사실을 모를 만한 분들이 아닌데도 불구하고, 청소년 피임 교육 체계화라는 오답을 공식 답변으로 내놓을 수밖에 없는 배경이 무엇인지 참으로 궁금하다.

한국 사회를 살리는 책임의 성교육

　정부가 제시해야 할 상식적인 대책은 거의 모든 선진국에서 시행하고 있는 양육비 책임법과 청소년 책임 교육 강화다. 국가와 남성의 책임이 완전히 빠져 있다는 정확한 진단을 했으면 그 책임을 명문화하고 시행하는 법이 있음을 국민에게 알리고, 그 입법이 가능하도록 국회와 협의하는 것이 정부의 당연한 의무다. 그런데 무슨 이유에서인지 정부는 이 의무를 피해 갔다. 양육비 책임법을 제정·시행하기 위해서는 한국 사회의 대수술이 필요한데, 이것이 정부 차원에서 쉽지 않은 듯하다.

> "소의치병(小醫治炳), 중의치인(中醫治人), 대의치국(大醫治國), 작은 의사는 병을 고치고 중간 의사는 사람을 고치고 큰 의사는 나라를 고친다. 자네도 잘 알지? 장준혁이는 아직 작은 의사야. 기대도 안 했어. 요즘 의학계엔 그런 의사투성이야. 최 교수 같은 중의를 찾기 어렵다는 게 안타까울 뿐이지."
>
> "아닙니다. 저 역시 소의에 불과합니다."
>
> "자넨 훌륭한 의사야. 게다가 잘못된 관행을 바로잡으려 한 순간부터 이미 대의의 길에 들어선 거야."
>
> "아닙니다. 교수님. 그런 말 들을 자격 없습니다."
>
> "이 일이 왜 어려운 줄 아나? 옳은 길을 가고 있기 때문이야. 하지만 나는 그 길이 아름다운 길이라고 믿어. 세상엔 말이야, 힘들지만 이겨내고 가야 하는 사람도 있어야 하지 않겠어?"

드라마 〈하얀거탑〉의 명장면 중 하나다. 나라를 고치는 대의(大醫) 역할을 정치권에서 하기 어렵다면, 시민 사회가 그것을 감당해야 한다.

> "문재인 대통령께서 이미 지시한 바처럼 비혼모에 대한 사회경제적 지원도 구체화될 전망입니다. 적극적 경제적 지원을 모색하고 있습니다. 이상의 것은 여성만의 문제가 아니라 남성은 물론 정부의 역할도 중요합니다. 입양문화 활성화도 함께 진행하고 있습니다. 비혼이건 경제적 취약층이건 모든 부모에게 출산이 기쁨이 되고 아이에게 축복되는 그런 사회를 만들도록 노력하겠습니다. 국가의 의무와 역할에 대해서도 함께 고민하겠습니다."

조국 민정수석의 답변 마지막 구절이다. "적극적 경제적 지원을 모색하고 있습니다."라는 말에서 많은 것을 읽을 수 있다. 정부가 여전히 버려진 엄마와 아기의 문제를 복지라는 소극적 차원에서만 접근해서 문제를 덮으려고 할 뿐, 아빠에게 양육비를 강제해서 받아내는 정의의 차원으로 이 사안을 가져갈 의지가 없어 보인다. 딱한 처지에 있는 사람들에게 은혜를 베푼다는 시혜적 입장만으로는 책임을 방기한 아빠의 문제를 결코 해결할 수 없다. 이런 상식을 다 알고 있고, 이 문제를 해결할 능력이 있는 분이 답변의 마지막에 "국가의 의무와 역할에 대해서도 함께 고민하겠습니다."라고 말했기 때문에 이 말이 진정으로 공허하게만 들린다. 양육비 책임법이라는 국가의 의무와 역할을 정부가 수행할 수 없다면, 깨어 있는 시민의 조직된 힘이 그것을 가능하게 해야 한다. 국민 개인이 선한 선택을 쉽게 할 수 있도록 사회 구조를 디자인해 주는 것이 시민 사회가 해야 할 정치적 역할이기 때문이다.

'히트 앤드 런(hit and run) 방지법 제정' 청원과 국가의 책무

히트 앤드 런 방지법이란?

일부 여성단체와 페미니스트들이 주도했던 낙태죄 폐지 청원과는 정반대인 "미혼모를 위한 히트 앤드 런 방지법을 만들어 주세요."라는 청원이 2018년 2월 23일에 청와대 국민 청원 게시판에 올라왔는데, 놀랍게도 한 달 안에 20만이 넘는 동의를 얻었다.

이 상반된 두 개의 청원은 여러 측면에서 면밀하게 비교해 볼 필요가 있다. 첫째는 언론의 관심이다. 낙태죄 폐지 청원은 그 시작부터 언론의 대대적인 조명을 받으면서 진행되었고, 청원 후에도 헌법재판소의 위헌 심사 결과가 나올 때인 2019년 4월 11일까지 1년 넘게 언론은 이 청원에 전폭적인 지지를 보냈다. 반면 히트 앤드 런 방지법 청원은 진행 중에도 또 20만이 넘는 동의를 얻은 후에도 주류 언론에서는 거의 보도해 주지 않았다. 그랬기 때문에 이 청원의 존재 자체를 모르고 또 양육비 책임법이 무엇인지 모르는 국민들이 많았다.

둘째는 동의가 늘어난 방식이다. 낙태죄 폐지 청원은 청원 마감일이 하루가 남았을 때 6만 건 정도의 동의를 받은 상태로 수그러드는 모습을 보였는데, 갑자기 단 하루 만에 동의자가 폭증하여 최종 23만 건이 넘는 동의를 기록한 반면, '히트 앤드 런' 방지법 청원은 동의자가 꾸준히 늘어나서 20만 건을 넘겼다.

셋째는 청원의 주체다. 낙태죄 폐지 청원은 낙태죄 폐지와 낙태약의 합법화를 요구하는 여성단체와 정의당 녹색당 등 몇몇 정당이 주도하면서 지속적인 시위와 집회를 병행했던 반면, '히트 앤드 런' 방지법 청원은 국민일보가 작게 보도해 주기 전까지는 누가 청원을 했는지조차 알려지지 않았고, 그것을 지지하는 시위나 집회도 전혀 없었다.

언제까지 무책임한 아이의 아버지 때문에 어머니만 사회적 편견과 경제적 빈곤 안에서 고통스러워야 하는 걸까요? 이러한 이유로 저는 덴마크에서 실시하는 '히트 앤드 런 방지법'을 내세우려고 합니다. 덴마크에서는 미혼모에게 아이의 아빠가 매달 약 60만 원 정도를 보내야 합니다. 만약 보내지 않을 시 아이 엄마는 시에 보고를 하고 시에서 아이 엄마에게 상당한 돈을 보내 줍니다. 그리고서 아이 아빠의 소득에서 세금으로 원천징수를 해 버립니다.

만약에 외국으로 튀었을 때도 다시 덴마크로 돌아오면 환수조치가 들어가니 아이에 대한 책임을 피하고 싶다면 평생 덴마크 사회에 끼어들 수 없거나, 나라를 떠나가거나 이뿐입니다. 아이 아빠가 내 아이가 아니라고 발뺌하더라도 DNA 검사를 통해 아이 생부의 여부를 밝힙니다. 그래서 덴마크에서는 여성보다 남성이 미혼부가 되지 않으려고 조심한다고 합니다.

한국에서 히트 앤드 런 방지법이 시행된다면, 남성들은 책임감을 느끼고
행동을 하게 될 것입니다. 이것은 미혼 가족의 발생문제를 예방하는 우
리나라의 첫걸음이 될 수 있습니다. 많은 관심과 서명 부탁드립니다.

이 청원은 17세 여고생이 트위터를 통해서 어쩔 수 없이 낙태를 해
야 했던 여성의 사연을 알게 되면서 시작되었다.

"어떤 분이 생리를 안 하니까 남자친구에게 연락했더니 헤어지자고 연락
을 끊어 버렸대요. 임신 테스트기에 두 줄이 그어져 있는 사진이 올라왔
어요. 그 모습을 보고 되게 마음이 아팠어요. 트위터에 홍보도 해 보고 네
이버 카페나 커뮤니티 사이트에도 올려봤어요. 팔로워 수가 많은 분들에
게 리트윗 해 달라고 부탁을 드렸어요. 그렇게 퍼지게 된 것 같아요."(국
민일보 2018.4.10.)

양육비 책임법 제정 청원의 의미

이 청원에 깊은 공감을 하고 협력해 준 사람들은 인터넷 대형 카페 회원들이었다. 주목할 점은 낙태죄 폐지에 큰 지지를 보냈던 여성카페 회원들이 '히트 앤드 런 방지법 제정' 청원에도 전폭적인 지지를 보냈다는 사실이다. 임신만 시켜 놓고 도망쳐 버리는 남자 때문에 낙태로 등 떠밀리는 여성을 위해서 낙태죄를 폐지해야 한다는 프로초이스(prochoice)에 동의했던 여성들이 이번에는 남성에게 책임을 물어서 낙태의 사회경제적 사유 자체를 없애고 생명을 살리자는 프로라이프(prolife)에 더 깊게 공감을 표현하고 지지한 것이다. 이는 국민들에게 낙태의 사회경제적 사유라는 작은 그림이 아니라, 여성과 아기를 동시에 살리는 제도인 큰 그림을 보여 주면 우리 국민의 상당수가 **프로초이스**가 아니라 **프로라이프**의 입장에 선다는 뜻이다.

> 프로초이스(prochoice): 여성의 선택을 중시한다는 뜻의 낙태찬성
> 프로라이프(prolife): 생명을 중시한다는 뜻의 낙태반대 생명수호

주류 언론이 거의 조명해 주지 않았고 또 한 사람이 여러 계정을 동원해서 청원수를 올리는 조작의 방식이 아니었음에도 불구하고, 이 청원의 취지에 깊게 공감하는 네티즌들이 자발적으로 SNS를 통해 확산시켜 얻어낸 20만이 넘는 동의는 그 의미가 매우 깊다. 한국

의 프로라이프 운동이 이미 선진국에 확립되어 있는 양육비 책임법이라는 구체적 대안을 제시할 경우, 낙태반대와 생명수호가 윤리적 강압이 아니라 실현 가능한 선(善)으로 인식되기 때문에 상식을 가진 사람들은 이를 지지한다는 사실이 여실히 증명된 것이다. 낙태 합법화에 기울어진 언론이 그동안 양육비 책임법의 존재 자체를 알리는 것을 꺼렸던 이유와 낙태죄 폐지와 양육비 책임법을 대등한 위치에 놓고 토론의 주제로 삼지 않으려고 했던 이유가 바로 여기에 있는 것이다.

청와대의 답변과 국가의 책임

이 청원에 대해 2018년 4월 24일에 청와대가 공식 답변을 내놓았다. 엄규숙 여성가족비서관이 '양육비 이행지원제도 실효성 확보방안'의 연구용역을 시작했고, 11월에 결과가 나오면 외국의 대지급제와 우리나라 양육비 지원제도를 종합분석해서 실효성 있는 구체적 방안을 마련할 계획임을 밝혔다. 답변의 핵은 단독양육모에게 국가가 지급하는 양육비를 올리겠다는 것이었다. 남성이 자신의 성행동에 대해 깊은 책임감을 가지게 하는 법을 만들어 달라고 한 청원에 지원금을 늘리겠다고 답변을 한 것이니, 이것은 완전한 동문서답이다. 청원자나 이 청원에 동의한 20만이 넘는 국민들의 의도를 모를 리 없는 청와대 참모들이 엉뚱한 답을 하는 배경이 무엇인지 정말 궁금하기만 하다.

국가가 선지급을 하고 생부에게 구상권을 발동하여 월급을 차압하고, 이행하지 않을 시에는 운전면허정지, 여권사용정지, 재산압류, 관허사업의 면허제한, 벌금, 구속 등 선진국에서 시행하는 제도에 대해서는 전혀 언급하지 않고 지원금을 상향하겠다는 태도는 이 양육비 책임을 회피하는 남성들의 범죄를 청와대 참모들이 법과 정의(正義)의 문제가 아니라, 시혜적 복지의 문제로 오인하고 있음을 뜻한다. 다음은 청와대의 공식 답변에 달린 댓글들이다.

임신시키고 도망간 놈한테 양육비 원천징수를 하면 자기도 리스크를 지니 남자들이 여자를 임신시키고 튀지 않도록 되지 않겠습니까. 그렇게 만들자는 취지의 청원인데 그저 국가에서 노력을 하겠다고 하면 결국은 사후대책일 뿐입니다. 애초에 히트 앤드 런이 생기지 않게 만드는 게 취지인데 "아 양육비가 모자라?" "애 낳으면 정부에서 지원해 줄게" 이러는 건 너무 일차원적인 접근입니다.
임신시키고 도망가는 남자에게 아무 패널티가 없으면 계속해서 비혼모만 생길 것입니다. 더 이상 그런 비극이 생기지 않도록 하자는 게 방향인데요. 이미 있는 비혼모를 지원하는 방향은 바람직합니다만, 이 청원이 바라는 답변이 아닙니다. 다시 상고 후 답변해 주세요.

글의 요지를 제대로 파악하고 다시 답변 주시기 바랍니다. 청원자로서 너무 어이가 없습니다.

진정 여성의 적은 여성인가? 여성가족부 소속인지 아니면 청와대의 여성가족비서관인지 정확히 모르겠으나 청원자의 의도를 왜곡하고 엉뚱한 답변을 하는 것 같다는 느낌이 많이 드는 답변입니다.

엄규숙 여성가족비서관님. 청원의 요지를 제대로 파악도 못하시고 답변을 하셨습니다. 미혼모들이 돈이 없어서 나라에 돈 뜯어내려고 이런 청원을 했겠습니까? 양육비는 부부 모두의 책임인데, 한 사람이 책임을 회피하고 있다면 당연히 처벌을 받아야 하는 것 아닙니까? 아이를 버리고 간 부모가 돈이 없어 양육비를 받아낼 처지가 안 된다고 아무런 책임을 부과하지 않는다면, 누가 양육비를 부담하겠습니까? 너도나도 다 줄 돈 없다 회피할 것입니다.

청와대 참모들이 교묘하게 본질을 벗어난 답변을 하면서 문제를 회피한 것을 시민들이 댓글로 정확히 지적했다. 조국 민정수석도 엄규숙 여성가족 비서관도 도망간 아빠와 양육비 책임법을 낙태죄 폐지에 대한 대안으로 명확하게 언급하기를 꺼린다. 도망간 아빠들에게 책임을 다하도록 강제하는 것이 국가의 책임인데, 그 언급조차 금기가 된 도망간 아빠들은 대한민국의 **볼드모트**인 셈이다.

> 볼드모트: 영화 〈해리포터〉 시리즈에 나오는 악의 마법사로 그 이름을 누구나 다 알지만 누구도 그 이름을 입에 올리지 않는 두려운 존재

양육비 대지급 제도가 17대 국회부터 논의되었지만 실행되지 못

한 이유는 늘 예산부족이었다. 그러나 예산을 1원 한 푼 쓰지 않고도 양육비를 강제할 수 있는 방법이 있다. 운전면허정지, 사업자등록취소, 전문직의 국가 면허 취소, 여권사용정지 등의 법적 조치에는 전혀 예산이 들지 않는다. 정부 책임자도 이 사실을 모르지는 않을 것이다. 건국 이래 지금까지 대한민국의 모든 정부는 버려진 여성과 연약한 생명에 대한 책임을 지속적으로 방기해왔다. 17세 여고생이 상식적인 판단으로 당연하게 지적한 임신, 출산, 양육에 대한 국가의 책임을 더 이상 우리가 외면해서는 안 된다. 이것은 곤궁한 처지에 있는 여성과 어린 아이만을 위한 대책이 아니라, 우리 사회에 책임의 성적 가치관을 확고히 세울 수 있는 유일한 사회적 방법이기 때문이다.

여성가족부와 모든 여성 단체가 해야 할 일

따라서 여성가족부와 모든 여성 단체들이 대동단결해서 최우선으로 추진해야 할 일은 양육비 책임법 제정이다. 남성이 여성에게 가하는 성폭력의 핵 중 핵이 무엇일까? '히트 앤드 런'이다. 여성에게 가장 깊은 배신의 상처를 주고, 그 고통이 자녀에게까지 내려가게 하는 가장 잔인한 폭력이자 모든 성폭력의 뿌리가 이것이다. 이 문제는 그대로 두고, 다른 성폭력의 문제를 해결할 수 있을까? 남성에게 자신의 아이를 임신한 여성과 그 어린 생명을 존중하고 책임지겠다는 마음을 사회가 학습시키지 못하고, 또 그 범죄를 저지른 남성을 전혀 처벌하지 않는다면, 남성이 저지르는 다른 성폭력은 결코 근절할 수 없을 것이다. 미투(#me too)보다 더 우선순위에 있는 사안이 히트 앤드 런 방지다. 히트 앤드 런의 문제는 낙태라는 살인으로 해결하고, 권력 관계 안에서 자행되는 성폭력은 폭로와 고소고발로 해결하겠다는 태도는 이 세상에 생명과 평화를 가져올 수 없다.

　놀라운 점은 낙태죄 폐지에 적극적이었던 여성 단체들과 정당들은 히트 앤드 런 방지법 청원에 아무 반응이 없다는 사실이다. 낙태가 여성의 진정한 선택이 되려면 50대 50의 가능성에서 선택할 수 있어야 한다. 사회경제적 사유로 낙태가 강요된 상황에서 낙태죄를 폐지한다는 것은 낙태라는 절벽으로 버려진 여성과 연약한 생명을 떠밀어 버리는 것일 뿐, 여성의 참된 자기결정권 행사가 아니다. 진정한 자기결정권을 여성에게 주고 싶다면 여성가족부와 여성 단체들은 히트 앤드 런 방지법 제정에 적극 동참해야만 한다.

책임의 성교육도 철저한 체험 교육으로!

책임! '가르쳤다' VS. '배우지 않았다'

우리나라 대학생들에게 중고교 시절에 무슨 성교육 배웠냐고 물어보면, 이구동성으로 '피임'이라고 답한다. 반면 성교육을 담당하고 있는 보건교사들은 교과과정에 따라서 생명 교육과 책임 교육을 분명히 시켰는데, 대학생들이 피임만 배웠다고 말하는 것이 서운하다고 답한다. 성기모형에 직접 콘돔을 씌우는 실습으로 피임 교육을 진행하는 청소년 성문화 센터의 관계자들도 "우리가 콘돔 교육만 시키는 것이 아니라, 자궁방 체험과 임산부 체험 등의 생명 교육과 책임 교육을 청소년들에게 시키고 있다."라고 말한다. 그러나 생명과 책임의 성교육을 받았다고 말하는 한국의 청소년과 청년들은 극히 드물다.

왜 이런 괴리가 생길까? 생명과 책임의 성의식이 말 몇 마디와 자궁방에 5분 앉아 있거나 임부복 체험을 하는 간단한 방식으로는 생기지 않지만, 콘돔 교육은 콘돔 케이스를 찢어 보고 만져 보고 씌워 보고 심지어 풍선처럼 불어 보는 체험적이며 자극적인 방식으로 진행되어서 콘돔만 뇌리에 강하게 각인되기 때문이다. 콘돔 산업은 이런 방식의 성교육이 한국에서 지속되기를 원하겠지만, 이제 한국 성교육은 바뀌어야만 한다. 생명과 책임의 성교육도 철저한 체험교육으로 변화되어야 한다는 뜻이다. 그렇다면 그 구체적인 방법은 무엇일까?

외국에서 실시하는 책임의 성교육 수행평가

사례 1)

내가 멕시코에서 중학교를 다닐 때, 성교육 시간에 실제 아기와 매우 유사한 아기 인형을 하루 동안 돌보는 성교육을 받았었다. 그 아기의 몸무게는 실제 아이와 비슷했고, 행동 또한 비슷했다. 배가 고프면 울기 시작했고, 밥을 다 먹으면 트림을 해야 했으며, 심지어 놀아 주기까지 해야 했다. 새벽에 아이가 너무 많이 운 나머지 화가 나서 그 아기를 밖으로 가지고 나가 아빠 차의 트렁크에 집어넣어 버린 기억이 난다. 그로 인해 내 과제 점수는 바닥을 기었고, 웃긴 것은 다른 아이들도 비슷한 점수를 받았다는 것이다.

그런데 한국에는 이런 성교육이 없다. 성관계와 생명을 좀 더 신중하게 생각하고, 아기를 돌보려면 막대한 책임이 따른다는 사실을 간접적으로라도 체험해 볼 수 있는 기회가 전혀 없는 것이다. 나와 같은 젊은 세대 친구들에게 성관계를 전혀 하지 말라고 말하는 것은 아니다. 하지만 나는 그 성관계가 최소한의 책임은 갖춰야 한다고 생각한다.

하지만 지금 우리들은 어떤가? 많은 20대들은 피임을 하지만 그것이 늘 성공하는 것은 아니어서 낙태를 한다. 성관계는 근본적으로 생명과 관련된 행위다. 하지만 이 본질이 변질되어 성관계는 단지 쾌락을 즐기는 행위로만 전락했고, 여러 피임법들로 얼룩지고 있다. 우리들은 이런 하나의 놀이로 변질된 성관계의 본래 뜻을 되찾고, 이것을 조금 더 진지하게 대해야 할 것이다.

멕시코의 한 학교에서는 두 시간마다 깨서 우는 아기 인형을 학교 교실에서는 물론 집에까지 가져가서 하룻밤 동안 돌보는 것이 성교육 수행평가다. 책임의 가치관을 체험 학습으로 교육시키는 것이다. 대부분의 청소년들이 아기 인형을 잘 돌보지 못해서 낮은 점수를 받지만, 책임 의식을 내면화해 주는 교육 효과는 매우 크다.

사례 2)

미국의 성교육 프로그램 중에 하나는 '성교육 인형 키우기 실습'시간이 있습니다. 학생들에게 신생아와 똑같은 아기인형을 1주일 동안 직접 키우게 하는 것으로, 인형에 부착된 센서가 작동하여 신생아처럼 1시간에 몇 번씩 울며, 울 때마다 학생들은 그 원인을 찾아서 놀아 주기, 밥 주기, 트림시켜 주기, 기저귀 갈아 주기 카드 중 하나를 꽂아 울음을 멈추게 해야 합니다. 또한 학생들은 실습시간 내내 항상 아기인형과 육아일지를 가지고 다니면서 꼬박꼬박 기록해야 하며 따라서 이를 경험한 학생들은 양육의 책임감을 스스로 깨닫게 됩니다.

학생들에게 이유도 모르는 채로 성욕은 억제되어야 하며, 성관계는 무조건 안 좋은 것이라는 인식을 심어 주기보다는 우리나라 역시 이러한 실질적이면서 스스로 깨달을 수 있는 책임 교육이 필요합니다.

청소년 시절을 외국에서 보내고 한국에서 대학을 다니는 젊은이들이 적지 않다. 이들은 선진국에서 실시하는 책임의 성교육을 정확히 알고 있고, 한국 성교육의 문제점을 명확하게 지적한다. 문제는 정작 교육자와 정책 입안자가 이런 진실을 잘 모르고 있다는 사실이다.

아래는 미국의 10학년(한국의 고등학교 1학년) 여학생이 자신의 일상을 소개하는 유튜브 채널에 올린 "BABY THINK IT OVER"라는 육아 시뮬레이션 성교육 과제를 수행하는 영상이다.

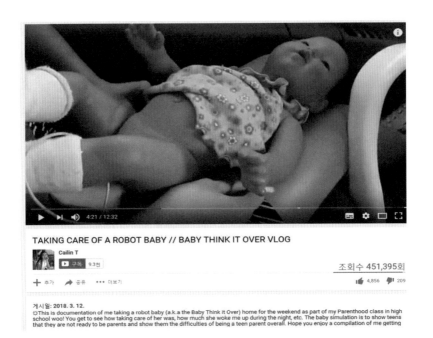

TAKING CARE OF A ROBOT BABY // BABY THINK IT OVER VLOG

Cailin T
구독 9.3천

조회수 451,395회

4,856   209

게시일: 2018. 3. 12.
☆This is documentation of me taking a robot baby (a.k.a the Baby Think it Over) home for the weekend as part of my Parenthood class in high school woo! You get to see how taking care of her was, how much she woke me up during the night, etc. The baby simulation is to show teens that they are not ready to be parents and show them the difficulties of being a teen parent overall. Hope you enjoy a compilation of me getting

다음은 성교육 과제에 대해서 여학생이 쓴 간략한 설명이다.

이 동영상은 내가 집에서 주말 동안 고등학교의 부모 됨 교육으로 로보트 베이비를 돌보는 기록이다.(학교 과제 "아기! 다시 한번 생각해 보자") 당신은 아기 돌보는 일이 어떤지 그리고 그 아기가 밤에 나를 얼마나 많이 깨우는지를 보게 될 것이다. 베이비 시뮬레이션 과제의 목적은 10대 청소년들에게 그들이 아직 부모 될 준비가 되어 있지 않음을 보여 주는 것이고, 10대에 부모가 된다는 것이 얼마나 어려운 일인지를 보여 주는 것이다. 내가 3일 동안 잠을 자지 못하는 영상을 재미있게 즐기시기를.

이 동영상은 조회수가 100만 건이 넘으면서 미국의 또래 청소년들에게 큰 인기를 끌었다. 동영상 하단에 달린 댓글을 보면 미국 사회와 학교 성교육이 청소년들에게 책임의 성교육을 상당히 적극적으로 실시하고 있다는 사실을 알 수 있다.

나도 올해 그 수업 수행해야 하는데, 안타깝게도 우리 학교 아기 인형은 5파운드 밀가루로 채워져 있어서 울지 않아. 그래서 정말 불행하게도 우리 선생님이 한밤중에 아기에게 무엇을 해 줘야 하는지 알려 주러 전화를 한다고 해.

우리 학교 로봇 베이비는 센서가 달려 있어서 그 아기를 돌볼 수 있는 사람이 오직 우리여만 해.

일주일 후면 학교 시작인데, 내가 잠을 너무 깊게 자서(heavy sleeper) 참 겁나네.

나는 이 수업을 쌍둥이 인형으로 하면 좋겠어. 왜냐하면 우리 가족은 내가 쌍둥이를 갖기를 원하거든.

다음은 육아 시뮬레이션을 소개하는 EBS의 뉴스다.

미국의 한 고등학교 수업시간. 책상마다 인형이 놓여 있습니다. 신생아와 똑같이 생긴 이 인형은 심지어 울기까지 하는데요. 바로 미국의 성교육 수업 중 하나인 '육아 시뮬레이션'입니다.

유엔개발계획에 따르면 미국의 경우 2010년부터 2015년까지 청소년기 아이들의 평균 출산율이 1,000명 중 31명으로 스위스나 독일 등 다른 선진국에 비해 월등히 높은데요. 때문에 학생들의 출산을 낮추기 위해 올바른 성교육에 큰 노력을 기울이고 있죠.

이 육아 시뮬레이션도 그중 하나인데요. 학생들에게 양육의 고통을 알려, 10대의 어린 나이에 무분별하게 아이를 낳거나 미혼부모가 되는 것을 예방하기 위한 목적으로 시작되었습니다. 남학생, 여학생 가릴 것 없이 수업에 따라 24시간에서 길게는 일주일까지 인형을 돌보는데요. 밤에도, 새벽에도, 심지어는 수업 중에도 실제 아기처럼 시도 때도 없이 울음을 터트리는 통에 인형을 돌보는 동안엔 잠자는 것이 거의 불가능할 정도라고 합니다.

그렇다면 인형의 울음을 그치는 방법! 먼저 어디가 불편한지 알아야겠죠. 놀아 주기, 밥 주기, 트림시켜 주기, 기저귀 갈아 주기. 이렇게 정해진 몇 개의 카드 중 인형이 우는 원인을 알아내 알맞은 카드를 꽂으면 울음이 멈춥니다. 그 뒤 몇 분 내로 밥을 먹이거나 기저귀를 갈아 주는 등 그에 맞는 행동을 수행하지 않으면 곧 다시 울음을 터트리는데요. 그야말로 실제 아기처럼 '키워야' 하는 거죠. 또 인형의 저장장치에는 세게 흔들거나 떨어트리는 것도 모두 기록되는데요. 조심성 없이 인형을 다루거나 오랫동안 우는 채로 내버려 두면 낙제점을 받게 됩니다.

부모님들이 대신 돌봐 줄 수도 있지 않느냐고요? 인형을 볼 때 꼭 착용해야 하는 이 팔찌에는 센서가 달려 있어 팔찌를 차고 있는 본인만이 울음을 멈출 수 있습니다. 학생들은 기간 내내 인형을 데리고 다녀야 할 뿐만 아니라 언제 놀아 주었고 언제 밥을 주었는지 등을 체크해 육아일기도 함께 써야 하는데요. 주마다 학교마다 인형을 돌보는 학년이나 기간, 또 사용하는 인형은 조금씩 다르지만 실제 아기처럼 정성을 들여 돌봐야 한다는 점은 모두 똑같습니다.

이론적인 수업에서 그치는 것이 아니라 직접 경험하고 느끼게 하는 이 교육법은 10대의 임신율을 줄이는 데 큰 효과를 보이고 있죠. 아직도 책 속에 갇혀 생물학적 지식만을 주로 가르치는 우리의 성교육. 호기심 많은 아이들에게 무작정 숨기기보다 더 정확하게 알리고 체험하게 해 주는 것이 올바른 성을 가르치는 방법 아닐까요?(체험하는 성교육, '육아 시뮬레이션' EBS 뉴스G, 2016.5.4.)

양육비 책임법과 연계된 책임의 성교육

외국의 학교 성교육에 이런 체험적 책임 교육이 정착되어 있는 이유는 무엇일까? 최근 '히트 앤드 런 방지법'으로 우리나라에 알려진 양육비 책임법이 이 나라들에는 오래전부터 강력하게 시행되고 그것이 교육에 연계되어 있기 때문이다. 우리가 선진국으로 알고 있는 대다수의 나라는 양육비 책임법이 1950~1960년대부터 법제화되어 있다. "국가가 양육비를 선지급한 뒤, 구상권을 행사하는 나라는 노르웨이(1957년 제도 도입), 핀란드(1963), 스웨덴(1964), 덴마크(1969), 이스라엘(1972), 오스트리아(1976), 독일(1979) 등이다."(한겨레 2017.7.4)(외국의 양육비 이행지원기관 법제와 운영사례분석 및 제정 법률안 지원, 한국여성정책연구원 2013)

이 선진국들에는 성해방 운동이 확산되던 1960년대에 성적 자유에 대한 책임을 개인들에게 철저하게 묻는 방식으로 법이 제정되었고 교육도 그 법을 따라갔다. 책임의 성교육은 법과 교육이 동행할 때 가능하며, 이 유럽형 책임 모델이 성교육의 정석이다.

책임의 성교육을 위해 필요한 공론의 장

그런데 지금까지 우리나라 성교육을 주도해 왔던 일부 단체들은 유럽의 성교육을 예로 들면서, "이 나라는 적나라하게 감추지 않고 성을 아이들에게 보여 준다.", "유럽의 청소년들은 학교에서 콘돔을 무료로 얻을 수 있다.", "여자의 거절은 진짜 거절이다.(No means no)" 등의 이야기를 할 뿐, 이들 나라에 양육비 책임법이 청소년들에게도 예외 없이 철저한 책임의 성교육을 체험적으로 시키고 있다는 사실은 말해 주지 않았다.

또 이 단체들은 임신만 시켜 놓고 전혀 책임지지 않는 남자들에게 책임을 묻는 양육비 책임법 제정을 위한 노력은 거의 하지 않았고, 여성의 절박한 처지만을 내세우며 낙태죄 폐지에만 힘을 쏟았다. 고의인지 실수인지는 알 수 없지만, 성의 커다란 진실은 감추고 파편적 사실만 교육한 것이다. 이 단체들과 피임 산업이 한국의 성교육에 미치는 영향력이 막강하기 때문에 식별력과 책임의 성교육을 공교육에 정착시키기 위해서는 교육 책임자들이 성교육과 관련된 대립된 양쪽의 이야기를 다 들어 보고, 학교에서 청소년들에게 어떤 성교육을 제공할 것인지 판단하게 하는 공론의 장이 반드시 필요하다. 책임의 성교육이 아기 인형을 직접 돌보는 실습만이 아니라, 청소년들로 하여금 임신을 책임지는 또래 친구들을 보게 하는 철저한 체험 교육이 될 수 있도록 법을 정비해야만 한다.

미국 영화 〈주노〉(2007)가 보여 주는 책임의 성교육

"나는 전설이에요. 학교에서 다들 나를 경고성 메시지를 주는 고래라고 불러요."

(I'm a legend, you know. They call me the cautionary whale.)

> 주노(juno)는 헐리우드 국민 여동생이라고 불리는 엘렌 페이지(Ellen Page)가 주연을 맡았고, 2008년 80회 아카데미 시상식의 4개 부문(작품상, 여우주연상, 감독상, 각본상)에 후보로 지명되었을 뿐 아니라, 로마영화제 최우수 작품상, 토론토 영화제 관객상과 여우주연상, 골든글로브 노미네이트, 전미비평가 협회와 뉴욕타임즈 선정 올해 최고의 영화로 평가받았다. 경이적인 흥행 기록(1억 달러, 한화 1,000억 원)을 세우면서 미국 사회에 큰 영향을 미쳤지만 한국에서는 관심을 받지 못했다.(한국 누적 관객 수 67,968명)

임신한 11학년(한국의 고등학교 2학년) 여학생 주노(엘렌 페이지 분)가 배 속 아이를 입양해 줄 엄마를 쇼핑몰에서 우연히 만났을 때 배를 만져 보게 하면서 나누는 대화다. '경고성 메시지를 주는 고래, 위험한 고래(cautionary whale)'는 동년배 친구들에게 교훈적 메시지를 전해 주며 봉사하는 임신한 소녀를 뜻하는 표현이다.

주노는 뜻하지 않게 임신을 했지만 스스로 입양을 결정하고 부모님과 그 구체적인 방법을 논의한 후, 부모님과 친구들의 지지를 받으면서 출산이 임박할 때까지 학교에 다닌다. 전교생이 주노의 아기가 배 속에서 점점 커 가는 과정을 보면서 타산지석(他山之石)의 학습을 하는 것은 당연한 일이다. 만삭의 주노가 학교 복도 한복판을 모세의 기적처럼 당당하게 가르고 지나가는 장면이 인상적이다. 이것이 바로 선진국과 그 학교가 사회적 차원에서 실시하고 있는 책임의 성교육이다.

청소년의 성적 권리!
금기가 아니라 책임 교육으로

청소년 이성교제 수위와 교육자의 고민

다음은 교육청의 교장단 연수에서 필자의 강의를 접한 교장 선생님이 주신 메시지다.

"소장님, 연수에 바쁘시죠? 조언이 필요해서요. 중학교 2학년 제주도 수학여행 인솔 중입니다. 남녀공학 중고교에서 이성교제 제한 생활규정을 어느 수위로 구체화해야 할까요? 중학교 2학년 남녀학생이 으슥한 곳에서 키스하고 있는 현장을 잡았습니다. 다음 단계는 뻔할 것 같아서 학교에서 지도차원의 대책수립을 서둘러야 할 때입니다. 도움을 주시면 좋겠습니다."

이 질문에 다음과 같은 답을 드렸다.

"고생 많으십니다. 선생님. 학교 차원의 이성교제 제한 교칙이 필요하기는 하지만, 특정 행동을 금지하는 식으로 명문화하면 청소년 인권 단체와 거기에 동조하는 언론에서는 '사랑은 19금이 아니야' 등의 제목으로 교육자의 고민을 조롱하는 기사가 나옵니다. 그래서 성행동을 하는 청소년들에게 그 행위의 의미와 결과를 생각해 볼 수 있는 기회인 독서 토의 글쓰기 등의 교육을 제공해 주면 좋겠습니다."

교장 선생님의 눈에 띈 중학교 2학년 남녀학생은 당연한 수순처럼 성관계를 할 것이고, 이러면 임신 가능성도 매우 높아진다. 이들에게 필요한 것은 무시하면 그만인 교칙보다는 성의 의미와 책임을 깨닫게 하는 교육이다. 이것이 가능하려면 교육자의 준비만이 아니라, 청소년에게 임신, 출산, 양육의 책임을 묻고 또 그 책임의 길을 도와줄 수 있는 사회적 준비(양육비 책임법 등)가 모두 필요하다.

깨닫게 해 주는 교육의 중요성

저는 대중문화의 영향을 심각하게 많이 받았나 봅니다. 그래서 정말 어린 나이부터 성관계에 대한 거부감이 없었습니다. 대중매체가 얼마나 교묘하게 우리가 섹스를 하도록 조장하는지 수업에서 낱낱이 알게 되면서 큰 충격에 빠졌습니다. 제 첫 경험은 남들보다 빨랐습니다. 고등학교 2학년 때 사귄 오빠와의 관계였는데 처음 오빠가 "할래?"라고 말을 꺼냈을 때 그 말에 대해 "그래."라는 대답이 너무나도 쉽게 흘러나왔습니다. 물론 오빠가 "임신하면 책임질게."라는 말로 저를 안심시키기도 했지만, 그 당시 그 오빠의 말이 거짓말임을 인지하기에 저는 너무 어렸습니다. 그

때까지 대중매체에서 보여 줬던 '섹스=즐거움'이라는 공식이 저의 무의식에 박혀 있었고, 호기심을 자극하면서 슬며시 배어나와 "그래."라는 대답을 부추겼습니다.

너무 어린 나이에 성관계를 했다는 죄책감이 있었지만, 그 후 계속 보았던 '섹스는 단순한 즐거움일 뿐'이라는 내용을 담은 영상물에 그 죄책감은 눈 녹듯 사라져 버렸습니다. 특히 당시 즐겨 보았던 미국 드라마에서는 청소년의 마약, 섹스 등을 아주 미화시켰는데, 그때 봤던 그들의 모습은 어린 제게 너무나도 화려하고 세련되어 보였고 '나도 그들처럼 되고 싶다'라는 생각까지 갖게 되면서, 저는 스스로를 멋진 여자라고 생각하며 살았습니다.

그렇습니다. 대중매체는 정말 우리가 닮고 싶은, 우리가 열광하는 존재들을 사용하여 우리에게 섹스를 가르치고 거기에 따르는 책임을 언급하지 않음으로써 성을 그저 쾌락의 수단으로만 단순화시켜 버립니다. 이러한 사실들을 그때 알았더라면 저는 그 어린 나이에 첫 경험을 하지 않았을 테죠. 그 첫 경험 이후 저의 모든 관심은 생리 여부에 집중됐고, 혹시라도 생리가 조금이라도 늦어지면 임신에 대한 온갖 불안으로 며칠 밤을 지새웠습니다. 제가 나이가 어렸기에 그 나이에 홀로 감당하기 어려운 그 무거운 책임에 대한 상상은 저를 정말 미치게 만들었습니다. 그러나 한 번 시작한 섹스를 멈출 순 없었습니다.

생리가 늦어지는 게 되풀이될수록 저의 불안함도 점점 커져 섹스를 하고 싶지 않았지만 항상 오빠는 "내가 책임진다니까.", "나 왜 피해? 이제 나 안 좋아해?"라는 말로 섹스를 거부하는 저를 번번이 다시 섹스를 허락하게 만들었습니다. 게다가 주변 친구들도 다들 섹스를 무비판적으로 수용하는 입장이기에 제가 섹스를 거절하고 멈추기란 쉬운 일이 아니었습니다. 다들 대중매체에서 보여 주는 섹스에 홀려 있었던 것입니다.

그렇게 섹스를 하고 기분이 나쁘다가도 당시에 여자 청소년들에게 인기 있었던 어떤 영화를 보며 섹시한 여고생이 "섹스를 해 봐야 어른인 거야."라는 대사를 듣고 '그래 이제 난 어른이야'라는 바보 같은 생각을 하며 혼자 흐뭇해하기도 했습니다. 지금 생각해 보면 참 바보 같은 삶을 살았던 것입니다. 정말 이 모든 사실을 그때 알았더라면, 그때 그 오빠가 말은 책임지겠다고 하지만 막상 정말 책임져야 할 상황이 오면 비겁하게 도망갈 것이라는 걸 그때 알았더라면, 저는 저의 소중한 고등학교 시절을 걱정과 부담감으로 밤잠 설치지 않고, 좀 더 순수하고 밝게 기억할 수 있었을 텐데요.

대학생이 되었는데, 솔직히 저는 걱정이 많이 됩니다. 앞으로 사귈 남자친구가 제가 이미 경험이 있다는 걸 알면 성관계를 강요하겠지요. "그 ××는 되고 나는 왜 안 돼?" 이런 이유를 대면서요. 그런데 대학에 와서 배운 이 수업은 그때 제가 어떻게 대처해야 하는지 현명한 방안을 가르쳐 주었습니다. 성관계는 사랑과 책임이 반드시 따라야 하는 행위라는 것을 저는 이제야 알았습니다. 이 당연한 내용을 지금까지 몰랐고, 또 왜 그 책임을 상대방에게 물어야 한다는 것조차도 몰랐을까요? 가르쳐 주는 사람이 없었기 때문입니다.

남친이 성관계를 요구한다면, 우선 책임에 대한 준비를 가장 먼저 묻겠습니다. 선생님이 알려 주신 대로 그 약속을 문서화(성관계 책임 서약서, 본 서 88쪽)한 것을 참고하겠습니다. 그 문서에 도장을 찍을 수 있는 남자라면 저에 대한 사랑도 큰 것이겠죠? 수업 시간에 본, 남편과 함께 출산하는 장면은 제게 너무나도 큰 감동을 주었습니다. 앞으로도 열심히 수업을 들으며 처음부터 끝까지 제 옆을 지켜 줄 남자를 알아볼 수 있는 안목을 기르고, 제 몸에 생겨나는 새 생명을 지켜 줄 수 있는 방법이 무엇인지 열심히 공부하겠습니다.

-책임의 중요성을 깨달은 한 여학생이-

대학교 3학년 여학생의 글이다. 23살에 깨달음을 얻은 것이 개인적으로는 다행이지만, 중학생 때 깨달아야 할 성적 책임을 대학에 와서야 처음 인식하게 되었다는 사실은 한국 교육의 비극이다.

청소년의 성관계 권리에는 책임을!

　교육자는 '성관계는 재미있는 놀이'라는 가치관을 따라 행동을 하는 제자가 다다를 그 비참한 결과를 우려하는데, 청소년들은 그것을 억압으로만 느끼기 때문에 교육이 어려운 상황이다. '나는 처녀가 아니다'라는 슬로건을 내걸고 SNS 활동만이 아니라 집회를 열고 서적을 출판하면서 '청소년 섹스할 권리'를 주장하는 청소년 인권단체도 있다. 이들은 성적 자기결정권의 명분으로 성관계 권리와 함께 낙태권까지 주장하기 때문에 책임에 대한 인식이 전혀 없다.

청소년 섹스할 권리를 주장하는 단체의 집회(2016년)

AV SNOOP이란?

AV SNOOP은 AV(Adult Video·성인 비디오)와 SNOOP(염탐꾼)의 합성어로 아동청소년의 음란물까지 공유해서 큰 수익을 올린 거대 음란물 커뮤니티다. AV SNOOP은 여자 청소년이 '나는 처녀가 아니다.'라는 피켓을 들고 찍은 사진에 AV SNOOP이라는 문구를 넣어서 광고 자료를 만들고 트위터를 활용해서 커뮤니티를 홍보했다.

성인 남성들이 여자 청소년들을 심각하게 성적으로 착취했다는 사실은 2020년 초에 'n번방'과 '박사방'이 보도되면서 비로소 알려졌지만, 이미 오래 전부터 음란물 커뮤니티에 속해 있는 남성들이 10대 여자 청소년들을 성적 착취의 대상으로 보고 있었고, 성관계 권리를 주장하는 여자 청소년들을 더 유심히 염탐하고 있었던 것이다. 또한 음란물을 찾아 헤매는 성인 남성들에게 'n번방'을 홍보했던 텔레그램 대화방의 이름이 'AV-SNOOP 고담방'임을 생각한다면, 청소년들의 성적 자유와 권리를 주장하는 피케팅 활동과 SNS 활동이 범죄자들의 표적이 될 수 있음을 부모와 교육자가 반드시 알아야 한다.

"성관계는 청소년 개인의 자유와 권리이고, 임신은 피임으로 막을 수 있고, 피임이 실패하여 임신 상황이 발생하면 성적 자기결정권을 사용해서 낙태하는 것도 청소년의 권리다."라고 주장하면서 청소년들이 성행동을 한다면, 이런 상황에서의 교육적 선택은 무엇이 되어야 할까? 유일한 선택은 성교육의 유럽형 책임 모델을 국가적 차원에서 도입하는 것뿐이다. 청소년의 성관계 권리를 인정하되, 그 책임을 철저하게 물어서 임신하면 남녀 모두가 책임을 지도록 국가가 강제하고 또 양육을 돕는 법을 만드는 것이다. 대만처럼 여학생에게 출산휴가를 주고 학교에 수유실을 설치하여 청소년이 양육과 학업을 병행하는 삶을 살 수 있게 해야 한다. 또한 남학생에게는 양육비 강제와 함께 아빠 되는 법을 가르쳐야 한다. 법과 제도로 책임을 정확하게 학습시킬 때, 절제와 정결이 억압이 아니라 나와 새 생명을 지키는 소중한 책임의 길임을 깨닫는 청소년들이 생겨날 수 있다.

책임의 부성(父性), 성교육의 핵

가정, 인간 생명이 시작되는 소중한 공간

"수정이 되면 새로운 인간 존재가 시작된다. 임신부터 노년에 이르기까지
이 인간 존재가 지속되는 것은 철학적 문제가 아니라, 임상적 사실이다."

다운증후군의 원인 유전자를 최초로 규명한 프랑스 유전학자 제롬
르준(1926~1994) 박사의 말이다. 고유하고 절대적 가치를 지닌 인
간 생명은 그 시작인 수정 때부터 절대적 환영과 축복의 대상이 되

어야 한다는 뜻이다. 새 생명이 그런 사랑을 받기 위해서 반드시 필요한 존재는 누구일까? 생명을 품어 줄 엄마와 그 생명과 엄마를 보호하고 책임져 줄 아빠다. 그리고 가정은 한 사람이 부모를 통해서 생명을 받고, 그 생명이 성장하는 거룩하고 소중한 공간이다.

"가정은 존재가 드러나는 장소다."

프랑스 철학자 가브리엘 마르셀(1889~1973)의 말이다. 그는 "가족은 존재자들을 존재하게 하는 그 무엇이라는 점에서 존재의 바탕이자 진리라고도 할 만하다. 가족이라는 존재 진리에 근거하지 않는 존재자들은 상상할 수 없다. 이러한 범주를 통해 인간이 인간이기 위하여 가족적이어야 한다."라고 했다.

쉽게 설명하면, 인간은 가정에서 존재 자체로 환영받고 사랑받아야만 인간답게 된다는 뜻이다. 아버지가 돈을 벌어 오지 못해도, 자녀가 공부를 못해도 그런 외적 이유로 그 구성원이 핍박당해서는 안 되고 가족 안에서는 사람이 그 존재 자체로 사랑받아야만 한다는 것이다. 존재를 존재일 수 있게 해 주는 가정의 신비가 가능하기 위해서 반드시 필요하다고 가브리엘 마르셀이 강조한 조건이 남자의 책임 의식이다. 남자가 아버지가 되겠다는 간절한 염원을 가질 때만 가정이 탄생할 수 있고, 그래야만 인간이 인간답게 될 수 있다고 대철학자가 말한 것이다.

아버지 되기의 어려움

여자가 어머니가 되는 것은 생물학적 본능의 연장선에 있기 때문에 비교적 쉽다. 그러나 남자가 아버지가 되기 위해서는 본능의 상당 부분을 절제해야만 하기 때문에 부성의 성취는 무척 어려운 과업이다. 이탈리아 정신분석가인 루이지 조야는 『아버지란 무엇인가』에서 왜 남자가 아버지 되는 것이 어려운지를 역사적 심리적 문화적 관점에서 심도 있게 설명했다.

> "포유류를 살펴보면 동물학의 범위 내에서 여성과 어머니는 같은 것이고 동일한 것이다. 암컷 동물들은 어떻게 어머니로 행동해야 하는지 본능적으로 알고 있다. 반면 수컷은 거의가 대개 단순한 수컷들일 뿐이지 결코 아버지가 되지는 않는다. 수백만 년의 동물 진화 역사 속에서 부성이라는 특성을 발견해낼 수 있는 것은 겨우 몇 십만 년을 살아온 인간들뿐이다. 따라서 부성은 본능을 통해서 형성된 것이 아니다."(『아버지란 무엇인가』 32쪽)

부성이 본능을 통해 형성된 것이 아니라면, 도대체 부성은 어떻게 형성된 것일까? 부성은 교육과 문화를 통해서 인위적으로 남성의 의식과 무의식에 새겨넣어서 세대를 거듭하여 전수시킨 가치다. 그렇기 때문에 어느 시대든 교육과 문화가 훼손되어서 남성에게 건강한 책임감을 내면화해 줄 수 없게 되면, 남성은 아버지가 될 수 없고, 동물 수컷으로 살 가능성이 높아진다.

동물 수컷의 유일한 역할은 무엇일까? 정자 보관소다. 몇몇 예외를 제외하고, 수컷은 씨를 뿌리고 다니는 것 이외에는 하는 일이 없다. 자연에서는 암컷이 번식과 돌봄의 모든 역할을 하기 때문에 아무 문제가 없지만, 문화 안에서 사는 인간 남녀의 삶은 동물의 그것과는 완전히 다르다. 가정에서 자행되는 근친강간, 자녀살해 등의 수많은 범죄는 모두 수컷으로 퇴행해 버린 아버지들이 저지르는 행동이며, 여성을 임신만 시켜 놓고 도망쳐 버리는 '히트 앤드 런'은 전형적인 동물 수컷의 행동이다. 이런 문화적 역행이 소비주의가 성을 상품화해 버린 '섹스=게임'의 시대에 광범위하게 나타나서 인간의 삶을 파괴하는 것이다.

남성을 아버지로 성숙시키려면?

이런 시대적 상처를 치유하기 위해서 우리는 무엇을 해야 할까? 남성들에게 남성의 취약성을 분명히 알려 주고, 책임의 가치를 교육해야만 한다.

> "자식들에게 생명과 양식을 제공해 주는 어머니와는 달리, 남자는 출산에 대한 책임을 인식하고 아버지가 되기 위해 무엇보다 먼저 일정한 논리능력을 습득해야만 했다. 아버지의 출현은 문화의 탄생에도 기여했으며, 동물적인 수준과 원시적인 상태로부터 인류를 결정적으로 이끌어냈다. 그러므로 아버지는 하나의 문화적 구성물이고 고안물이라고 할 수 있다. 부성은 정신적인 의지와 의도의 세계에 속해 있으며, 아버지라는

신분은 자신이 스스로에게 부과한 것이다. 부성이 자연발생이 아니라 인위적인 창조물이라는 점에서 부성은 약점이 있다. 아버지는 어머니보다 훨씬 더 불안정한 조건들을 경험할 수밖에 없다. 오직 역사만이 남자에게 부성을 부여해 왔기 때문에 역사는 이것을 변화시킬 수 있다. 그리고 부성은 자연에서 습득되는 것이 아니라, 삶 속에서 배워야 하는 어떤 것이기 때문에 인생의 행로에서 남자는 부성을 망각할 위험성을 언제나 지니고 있다. 그래서 망각의 가능성은 역사 속에서 모든 남자들이 대면해야 하는 것이다."(『아버지란 무엇인가』31쪽~32쪽)

학습 능력을 갖춘 남성이 아버지로 살겠다는 의지를 강력하게 가져야만 부성이 발생한다. 즉, 부성은 상당히 인위적이고 문화적인 가치라는 뜻이다. 그렇다면 왜 모성을 잃은 어머니보다 부성을 갖추지 못한 아버지가 압도적으로 많을 수밖에 없는지, 왜 남성에게 부

성 교육이 반드시 필요한지 충분히 이해할 수 있다. 아버지는 성관계와 임신을 통해서 자동으로 만들어지는 생물학적 존재가 아니라, 사랑과 책임을 다하겠다는 의지를 통해서만 탄생하는 문화적 존재다. 아버지는 남자가 명확한 지향성을 품고 교육과 수련을 거쳐서 달성해야만 하는 고귀한 목표인 것이다. '성관계는 내 맘대로 하고 임신만 안 하면 그만이다.'라는 피임 마인드가 지배하는 소비사회의 남성이 아버지가 되기는 무척 어려운 일이다.

부성을 회복시키라는 문화적 표징

이처럼 부성이 망각되는 시대에 그 회복을 촉구하는 표징이 나타났는데, 그것이 영화 〈인터스텔라〉다. 어린 아들과 딸을 구하기 위해 다른 은하계로 떠나고 블랙홀에까지 스스로 뛰어들어서 온 인류를 구한 후, 다시 돌아오겠다는 약속을 지킨 책임을 다하는 아빠의 사랑이 이 영화를 관통하는 주제다.

> "인터스텔라는 인간은 누구이고 우리는 어디로 가는지 같은 다양한 문제를 다루는 영화다. 하지만 나에게는 무엇보다 아버지가 되는 것이 무엇인지를 다루는 영화였다."

크리스토퍼 놀란 감독의 말이다. 아버지는 어린 딸과 이별을 할 때도 또 성간여행 후 아버지보다 더 늙어 버린 딸에게 돌아왔을 때도 왼손 약지에 결혼반지를 끼고 있고, 감독은 그 반지를 반복해서 보여 준다. 아내는 이미 죽고 없지만, 혼인을 통해서 맺어진 인간관계인 아내와 자녀에게 무한 책임을 다하는 남자가 아빠라는 메시지를 묵시적으로 전해 주는 장면이다. 아버지는 책임이라는 가치의 육화(肉化)다.

인간 문명을 보존하는
책임의 부성(父性) 교육

부성은 남성이 성취해야 할 덕목

여성에게는 성관계, 임신, 출산, 어머니됨이 연속적이고 통합적인 과정이지만, 남성에게는 성관계, 임신, 출산, 아버지됨이 별개의 분리된 사건이다. 이 때문에 사회가 남성에게 이 넷에 대한 통합적 인식을 가지게 하고, 아버지가 되어야 한다는 의지를 심어 주지 않으면 남성은 아버지가 되기가 무척 어렵다. 어머니는 여성이 자연에 순응한 결과지만, 아버지는 남성이 자연을 거슬러서 얻어야 하는 성취이기 때문에 교육과 문화는 남성들이 자신의 동물성을 극복하여 아버지의 길을 갈 수 있도록 도와주고 강압하는 방향으로 발전해 왔다. 그러나 남성에게 부성(父性)을 갖추게 하는 일은 매우 어려운 과업이기 때문에 '히트 앤드 런'의 행태를 보이는 남성은 어느 시대에나 있었고, 이런 남성들은 문명의 큰 골칫거리였다.

"남자가 자식을 낳은 다음에 아버지로서의 책임을 방기하고 도피하는 사건은 모든 시대에서 발견되는 가장 빈번한 범죄이다. 남자들의 이런 범죄는 도둑질과는 차원이 다른 종류의 범죄다. 가령 도둑질은 훔친 물건이나 그에 상응하는 보상을 해 줌으로써 충분히 배상될 수 있지만, 아버지의 부재는 한 사람의 인생 전체와 심지어 그 다음 세대에까지 상처를 입히기도 하기 때문이다."(『아버지란 무엇인가』 460쪽)

인류 문명이 모든 시대마다 겪어 왔던, 부성을 갖추지 못했기 때문에 아버지라 부르기 어려운 아버지들의 문제가 이 시대에 가장 심각하게 터져나오고 있다. 이를 어떻게 해결해야 할까? 낙태죄 폐지 청원과 헌법 재판소의 판단을 통해서 얻은 낙태 허용일까? 아니다. 해결책은 책임의 길이고 그 시작은 동물과 인간의 차이를 분명히 인식시키는 교육이다.

사고(思考), 인간과 동물의 차이

동물은 특정 자극을 접하면 곧바로 반응한다. 순간적으로는 만족스럽지만 장기적으로는 고통스러운 결과가 오더라도 동물은 정해져 있는 반응을 하는 경우가 많다. 물고기가 지렁이를 덥석 물었다가 낚싯바늘에 걸리는 일이 그것이다. 동물은 생각을 통한 선택의 과정이 없고, 순간의 충동을 따라 행위를 결정한다. 따라서 동물에게 사고와 절제란 없다.

반면 인간은 어떤 자극을 접하면, 선택할 수 있는 여러 반응을 생각하고 그 가능성들 중 하나를 심사숙고해서 결정할 수 있다. 순간적으로는 고통스럽지만 장기적으로는 만족스러운 선택을 하는 존재가 인간이다. 아이들도 5분 동안 사탕을 먹지 않으면 한 움큼을 더 주겠다고 하면 그 시간을 참고 견딘다. 인간은 장기적인 목표나 계획에 의해서 행위를 결정하는 사고와 절제의 삶을 살 수 있다.

동물은 반사작용을, 인간은 사고작용을 한다. 사고작용을 해야 인간이고, 반사작용만 하면 동물이라는 뜻이다. 스마트폰이라는 매체를 어린이들에게 준다면, 이것이 아이들에게 강화하는 건 무엇일까? 사고작용일까? 반사작용일까? 반사작용이다. 매체에 대한 특별한 교육이나 비판적 인식이 없다면, 영상매체는 아이들을 자극이 오면 곧바로 반응하는 동물처럼 만들어 놓을 가능성이 크다. 그렇다면 인쇄매체인 책은 무엇을 강화할까? 사고작용이다. 아이들에게 책을 읽고 생각하고 토의할 수 있도록 지도하여 인간의 품성을 갖추게 해야 하는 이유가 바로 여기에 있다.

책임과 절제의 존재 인간

수리부엉이가 양계장을 습격해서 닭 만 마리 중 4천 마리가 몰살당한 적이 있다. 생태계 파괴로 먹잇감이 부족해서 양계장에 들어온 수리부엉이를 닭들이 이리저리 피하다가 압사를 당한 것이다. 이 부엉이에게 책임을 물을 수 있을까? 부엉이는 욕구를 조절할 수 있는 자유가 없고, 본능이 이끄는 대로 행동했을 뿐이기 때문에 아무 잘못도 없다. 당연히 책임을 물을 수도 없다. 반면 인간은 자신의 욕구와 욕망을 인식하고 조절할 수 있는 자유가 있기 때문에 자신의 모든 행동에 책임을 져야 한다. 반사작용을 하는 반응의 존재인 동물은 본능의 세계에 갇혀 살기 때문에 책임이라는 윤리가 그들에게는 전혀 적용되지 않지만, 사고작용을 하는 사유의 존재인 인간은 자유의 세계에 살기 때문에 책임의 윤리를 반드시 배워야만 하는 것이다. 그 책임을 학습하는 과정이 전통적으로 인문학 교육이고, 절제에 대한 교육이다.

절제력이 뛰어난 아이들이 학업과 사회적 성취에 월등하다는 사실이 실험을 통해서 입증된 바 있다. 유치원 아이들에게 한 개의 마시멜로를 준 후, 15분 동안 먹지 않고 견뎌내면 마시멜로 한 개를 더 주겠다고 약속을 했을 때, 대부분의 아이들은 마시멜로를 먹었지만, 15%의 아이들만이 그 유혹을 견뎌냈다. 15년 후에 상반된 결과를 보인 아이들의 SAT 점수를 조사했는데, 본인의 의지로 마시멜로를 먹지 않고 견뎌낸 아이들은 그렇지 못한 아이들에 비해 훨씬 높은 점수를 받았다. 사회성이나 대인관계도 좋았고 과체중이나 마약남용 등의 문제를 가진 경우도 적었다. 절제력을 갖춘 사람이 인생을 더 책임 있고 완성도 있게 산다는 사실이 증명된 것이다.(1966년 스탠포드대학의 만족지연능력 실험)

사회적 치유를 위한 부성의 회복

지금은 모든 욕망이 자유와 권리라는 명분으로 포장되어 정당화되는 유혹과잉의 시대다. 소비사회는 '섹스는 게임'이라는 모토를 내세워서 성관계를 놀이화했고, 수많은 남녀가 책임이라는 윤리적 고려는 없이 임신을 유발하는 필연적 행위를 장난처럼 하기 때문에 수많은 생명이 생기지만, 태어나는 생명은 건국 이래 최저다. 생명을 살리고 사회를 온전케 하는 해결책은 무엇일까? 남성에게 철저하게 부성을 교육하여 아버지가 되게 하는 일에 온 사회가 집중하는 길이다.

> "도망간 아버지를 찾았다고 해도 그에게 자식의 경제적인 후원을 제공하라고 강제할 수는 있지만, 헥토르의 기도 같은 정신적 세례를 내려달라고 강제할 수 없다. 그리고 부성을 찾아내고 성장시키는 일은 단 한 사람이 떠맡을 수 있는 개인적인 문제가 아니다. 이것은 사회 전체가 벌여야 할 싸움이며 실패하게 되면 문명 전체가 붕괴될 수 있는 것이다. 하지만 안타깝게도 문명세계의 승리는 여전히 먼 과제로 남아 있다고 말할 수 있을 뿐이다. 반면 무책임한 남성으로의 퇴행은 이전에는 경험해 보지 못했던 수준까지 높아지고 있다."(『아버지란 무엇인가』 462쪽)

여성은 어머니가 되지 않겠다는 결심을 하지 않는 한 어머니가 되지만, 남성은 아버지가 되겠다는 결심을 해야만 아버지가 된다. 따라서 국가는 여성의 모성을 보호해야 하고, 부성은 교육과 법적 제도를 총동원해서 남성에게 심어 줘야 한다. 그래야만 문명이 최고도로 발달한 이 시대에 문명의 붕괴를 막고 문화를 존속시킬 수 있다. 부성 회복은 야만으로의 회귀를 막고 세상을 살리는 시대적 사명이다. 헌법 재판소는 임신초기 낙태허용이 아니라, 남성에게 부성을 교육할 수 있는 제도인 양육비 책임법을 제안하여 대한민국을 살리는 역사적 판단을 해야만 했는데, 이미 그 소중한 결정의 기회를 놓쳤다. 남성에게 책임을 묻는 것이 국가의 책임이다. 국가가 이 중대한 책무를 수행하여 태아와 여성을 모두 살리고 세상을 치유하는 통합의 길을 어떻게든 우리 사회가 마련해야 한다. 이는 대한민국의 존망(存亡)이 걸린 중대한 문제이기 때문이다.

하느님 모상을 되찾는
영적 식별의 성교육

책임 의식이 실종된 사회

2018년 1월에 여대생이 혼자 아이를 출산한 뒤 유기하고 신생아를 구조했다고 경찰에 신고한 자작극 사건이 있었다. 경찰조사에서 이 여대생은 "부모에게 들킬까 두렵고 혼자 아이를 키울 자신이 없어서 남의 아이를 구한 것처럼 꾸며 양육을 포기하려고 했다."고 말했다. 남자친구는 임신을 알고 난 후 연락을 끊었고, 여자 혼자 고립된 것이었다.

이런 형태의 영아유기 사건이 왜 이 시대에 빈번하게 발생할까? '섹스는 게임'이라는 왜곡된 가치관이 소비주의를 타고 사회 전체에 스며들었고, 성교육도 '성관계에 반드시 따르는 책임을 어떻게 감당할 것이냐?'는 책임 교육이 아니라, '성관계는 하되 어떻게 하면 임신을 피할 것이냐?'는 피임 교육에만 초점을 두고 있기 때문이다. 더욱이 한국은 남성에게 아빠로서의 책임을 묻는 법이 없기 때문에 이런 불상사가 폭증하고 있는 것이다.

성교육의 근원은 인문학

이는 표층적으로는 책임의 성교육과 제도의 부제 탓으로 보이지만, 깊게 보면 인문학과 영적 식별교육 부재의 결과다. '인간이란 어떤 존재인가?'를 알려 주는 문학(文), 역사(史), 철학(哲)으로 대표되는 인문학 교육이 우리 사회에서 제 기능을 했다면, 책임의 가치관을 강조하는 별도의 성교육이 사실은 필요 없다. 인문고전을 읽으면 인간이 왜 동물처럼 살아서는 안 되는지를 깨달을 수 있기 때문이다.

고전까지 갈 필요 없이 초등학생 때 세계문학전집과 세계위인전집만 제대로 읽고 감동만 해도, 책임의 가치가 자연스럽게 무의식에 내면화된다. 고전명작이나 위인전은 모두 인간이란 무엇인가를 깊이 다루고 있기 때문이다. 그런데 지금의 어린이들은 책을 읽고 감동하여 눈물 흘리는 체험보다는 자극적인 영상물을 보고 흥분하고 모방하는 체험을 반복하기 때문에 이전 시대에는 없었던 많은 문제가 발생한다.

인간, 동물이 아니라 영적 존재

깊이 있는 성교육을 하려면 인간에 대한 영적 이해가 필요하다.

그에 대해서 자주 그리고 계속해서 숙고하면 할수록, 점점 더 새롭고 점점 더 큰 경탄과 외경으로 마음을 채우는 두 가지 것이 있다. 그것은 내 위의 별이 빛나는 하늘과 내 안의 도덕법칙이다.(『실천이성비판』 271

쪽, 임마누엘 칸트, 아카넷)

　칸트가 자신의 묘비명으로 삼은 대목이다. 칸트는 별이 빛나는 하늘과 마음속 도덕법칙을 그 본질이 같은 대상으로 파악했다. 즉, 칸트는 인간에게 동물적 속성이 있지만, 인간은 본능을 따라 사는 동물이 아니라 도덕 원칙에 입각해서 살아야 하는 하늘에서 온 영적 존재라고 파악한 것이다. 이것이 바로 칸트의 인간관이며 서양 철학의 중요한 사상이면서 그리스도교의 인간 이해다.

　영화 〈검은 사제들〉은 인간이 인간답게 살기 위해서 어떤 싸움을 해야 하는지를 보여 준다. 김범신 신부(김윤석 분)가 악마와 싸우면서 "사령(邪靈)들은 말하라. 왜 여기에 온 것이냐?" 하자, 영신이(박소담 분) 안에 있는 악마가 "우리는 너희들이 원숭이라는 것을 증명하러 왔다."라고 한다. 이는 악마의 목표가 인간의 격을 동물 수준으로 떨어뜨리는 것임을 뜻한다.

　원숭이는 어떤 존재인가? 원숭이를 잡는 가장 쉬운 방법을 보면 알 수 있다. 원숭이가 지켜보는 곳에서 원숭이 손이 겨우 들어갈 작은 구멍을 내고, 그 안에 원숭이가 좋아하는 열매를 넣으면, 원숭이가 손을 넣고 먹이를 움켜쥐었다가 손이 빠지지 않아서 낑낑거리다가 결국에는 사람에게 잡힌다. 손을 펴면 얼마든지 도망칠 수 있는데, 사람이 잡으러 오는 것을 뻔히 보면서도 그 손을 펴지 않기 때문에 허무하게 잡히는 것이다.

하느님의 모상인 고귀한 인간

이것이 동물이다. 욕망에 집착하다가 결국 파멸하는 존재를 보면서 우리는 원숭이를 어리석다고 여기지만, 사실 인간도 원숭이가 인간에게 잡히는 똑같은 방식으로 악마에게 잡힌다. 사람이 동물을 마음껏 가지고 놀 수 있듯이, 악마도 우리의 욕망과 내면의 상처를 정교하게 이용해서 인간을 얼마든지 농락할 수 있기 때문이다.

"그리고 악도 언제나 우리를 절망시키지. 너들도 짐승과 다를 바 없다고, 그런데 신은 인간을 그렇게 만들지 않았어." 영화 〈검은 사제들〉에서 김범신 신부(김윤석 분)가 최준호 부제(강동원 분)에게 한 말이다. 악마는 최 부제의 트라우마(여동생이 개에 물려죽는 현장에서 도망친 사건)를 이용해서 구마현장에서 도망치는 자동반응, 즉 반사작용을 하게 했다. 그것을 뉘우치고 다시 돌아온 최 부제에게 김 신부가 악마의 유일한 목표는 인간을 동물화하여 자극을 주면 생각 없이 특정 반응을 하게 만드는 것임을 알려 주고, 하느님이 인간을 당신 모상으로 창조하셨기(창세기 1:26) 때문에 그 반사작용에서 벗어나서 식별하고 행동할 것, 즉 사고작용을 하라고 조언해 준 것이다. 최 부제는 웃으면서 "예." 하고 대답했고, 다시 싸우러 들어갔다.

이 시대는 침투력 강한 영상매체가 강렬한 성적 자극을 주입하면서 욕망이 올라오는 대로, 생각은 하지 말고 성행동을 하는 것이 자유고 권리라고 속삭인다. '성관계는 개인의 자유고, 피임으로 임신만 안 하면 되고, 원치 않는 임신이면 낙태하면 된다.'라는 생각이 바로 인간을 동물화하는 죽음의 문화이며 악마가 원하는 세상이다.

대중가요 '빨개요'에서는 '여자=남자가 먹는 맛있는 음식'으로 표현했으니(본 서 58쪽 참고 K-pop 문화 산업과 왜곡된 성교육), 이는 사람을 동물보다 못한 물건으로 격하시킨 것이다. 이것이 바로 문화속에 숨어서 활동하는 살아 있는 악(惡)이다. 이런 시대일수록 인간의 존엄성과 하느님의 모상인 인간 본질을 회복시켜 주는 영적 식별이 성교육과 결합되어야 한다.

성교육은 영적 싸움

프란치스코 교황은 청년들에게 "온라인 시대를 살고 있는 청년들, 석기 시대로 돌아가라. 오늘날은 시대가 바뀌어 영상의 시대가 되었지만, 책의 시대를 지배하던 기준을 따라 자신에게 유익한 것만 택해야 한다."라고 했다. 영혼을 황폐하게 하는 영상물이 급속도로 확산되기 때문에 윤리적 기준을 가지고 식별해야 함을 역설한 것인데, 이것이 바로 미디어 리터러시(media literacy) 교육이다.

젊은 세대의 컴퓨터 중독에 대해서는 "여러분이 컴퓨터에서 떠나지 못하고 있다면, 컴퓨터의 노예로서 자유를 잃게 되고, 컴퓨터에서 저속한 사이트를 찾고 있다면 존엄성을 잃게 된다."라고 했다. 자유와 존엄성을 잃은 인간 존재, 그것이 바로 동물이다. 중독은 악마가 인간을 반사작용만 하는 동물로 만들어서 결국에는 파멸로 끌고 가는 강력한 힘이다. 이 힘이 이 시대의 지배적 매체인 TV, 인터넷, 스마트폰 안에 있기 때문에 많은 젊은이들이 원치 않아도 악에 휘말려 들어간다. 유혹이 넘쳐나는 이 시대에 생명을 살리는 진정한 교육을 하기 위해서는 영적 식별과 영적 싸움의 능력이 반드시 필요하다.

성교육, 생명을 살리기 위한 간절한 노력

성교육의 핵심 가치와 왜곡의 세상

'생명, 책임, 인격, 절제, 정결, 혼인, 가정'은 성교육의 7대 핵심
가치다. 남녀가 성적으로 결합하면 '생명'이 생긴다. 이는 대자연의
순리이고 창조질서이기 때문에 어떤 피임법으로도 막을 수 없다. 따
라서 성관계에는 반드시 '책임'이 따라야 한다. 그런데 남녀 사이에
서 책임의 동반자 의식이 우러나오려면 반드시 상호 '인격'적 신뢰
가 쌓여야만 하고, 그 신뢰를 구축하기 위해서 남녀가 먼저 할 일은
성관계가 아니라, 서로의 인생관이 맞는지를 확인하는 대화다. 남녀
성기의 결합은 가슴과 머리의 일치 이후에 하는 것이 진정한 행복으
로 가는 길인데, 이는 '절제'를 통해서 가능하다. '정결'은 '생명' '책
임' '인격' '절제'의 가치를 가장 이상적으로 완성시키는 방식으로, 혼
인 전에는 성관계를 맺지 않고, 혼인을 통해 짝으로 맺어지는 상대
에게 나 자신을 온전히 내어주는 것이다. 그리고 '혼인과 가정'은 인
간 사회가 성관계로 인해서 탄생하는 새 생명을 남녀가 책임지도록

그 둘을 묶어 주는 관계이며, 이는 인류가 교육과 문화로 학습시켜 온 전통이다.

그런데 소비사회는 성과 관련된 이 7대 핵심 가치를 완전히 부정하고, 상업적 영상매체를 활용해서 이 7대 가치를 해체한다. 상업적 영상물은 성에 내재된 '생명', '책임', '인격'의 내용은 아예 보여 주지 않는다. '생명'과 '책임'은 피임으로 대체 가능한 것처럼 속이고, '인격'은 성관계에 대한 상호 동의로 대체해서 성관계를 남녀가 합의만 하고 피임만 하면 얼마든지 주고받을 수 있는 물건인 것처럼 왜곡한다. 이런 성관계에서 발생하는 임신은 원치 않은 결과니 낙태권을 보장하라고 외친다. "성관계가 곧 임신 동의는 아니니 임신하면 낙태할 권리가 있다."라는 주장이다.

낙태죄 폐지 집회에 등장한 구호

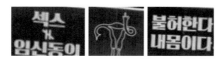

운전이 사고에 동의하는 것은 아니지만 사고를 내면 그 모든 책임을 져야 하고, 그래서 모든 운전자는 보험에 가입하는 것이 상식인데, 이들은 임신을 유발하는 유일하고 필연적인 행동은 하면서 그 책임은 전혀 지지 않으려고 한다. 선진국에서는 양육비 책임법(일명 히트 앤드 런 방지법)을 강력하게 시행하여 남녀가 성관계와 생명에 대한 책임을 지도록 함에도 불구하고, 이들은 이런 제도도 외면한다.

이들은 '절제'와 '정결'을 억압의 악덕으로 폄훼하며 성적 자유를 외친다. 이는 피임약이 최초로 개발되어 임신의 부담에서 완벽하게 벗어날 수 있다는 환상이 퍼져나갔던 1960년대에 일어난 성해방 운동의 조류인데, 반세기가 넘게 지난 지금 완벽한 피임법은 존재할 수 없다는 사실이 증명되었음에도 불구하고 이들의 생각은 전혀 바뀌지 않았다. 남녀의 결합인 '혼인과 가정'은 버려야 할 구시대의 폐습인 것처럼 왜곡시키는데, 이런 생각을 가진 단체들이 한국 성교육에 막대한 영향력을 미치고 있고, 상당수의 언론도 여기에 동조적이다.

미디어 리터러시(media literacy)가 꼭 필요한 시대

그렇기 때문에 성과 관련된 고귀한 7대 가치를 회복시키기 위해서는 미디어 리터러시가 반드시 필요하다. 이는 미디어를 정확하게 읽고 그 내용의 참과 거짓을 분명하게 가려내는 식별력이다. 방송 내용이 실제 사실과 다를 수 있으니 곧이곧대로 믿지 말고 따져봐야 한다는 것이다. 선진국에는 이 교육이 잘 정착되어 있다. 블로거 무터킨더의 '언론을 믿지 말라고 가르치는 독일교육'을 보자.

"독일인들은 언론을 무조건 신뢰하지는 않는다. 독일에서는 국민을 대상으로 한 프로파간다가 매우 어렵다. 그 이유는 역사와 교육이다. 독일인들이 미디어를 활용한 선동에 넘어가서 거악의 앞잡이가 된 일은 지금까지도 독일인의 치욕이자 상처다. 독일인들은 이 일 때문에 권력이나 언론이 얘기하는 선동에 대해 일단 의심하고 보는 습관이 생겼다. 이런 역사적 경험을 통해서 미디어를 통한 우민화가 얼마나 무서운지 뼈에 사무

치도록 알 수밖에 없었다.

교사는 교과서보다는 별도의 문학서적을 많이 이용하고, 어떤 텍스트에 대해 다음과 같은 세 문제를 출제한다. [① 요점정리 내용분석 하라. ② 작가의 의도나 정치사회적 배경을 설명하라. ③ 당신의 관점을 써라. 비평하라.] 주입식 교육도 아니고 생각을 깊이 해야만 하는 이런 연습을 7~8학년부터 13학년까지 수년 동안 계속한다고 생각해 보라. 그런 훈련을 지겹도록 하고 졸업한 사람이 어떻게 신문기사를 활자가 주는 의미 그대로 믿을 수 있겠는가? 이것이 바로 민주시민으로서의 역량을 키우기 위한 독일교육의 근간이며 우리에게도 간절히 필요하다."

결코 포기해서는 안 되는 생명수호

과거 독일인들이 미디어의 선동에 속아서 수많은 생명을 죽이는 데 협력했던 것처럼, 이 시대의 우리는 수많은 배 속 생명을 죽이는 거악에 휘말릴 비극적 상황에 놓여 있다. 인간의 생명권을 옹호해야 할 의무가 있는 국가 기관인 여성가족부가 낙태죄를 폐지해야 한다는 의견서를 2018년 5월 22일 헌법재판소에 제출했다. 여성가족부라는 이름에 합당한 일은 낙태죄 폐지가 아니라, 양육비 책임법 제정이다. 여성과 아기와 가족을 모두 살리는 입법을 위한 의견서를 보내야 할 부처가 그 일은 방기하고, 낙태허용의 주장을 하는 것은 명백한 직무유기다. 정부 부처까지 생명을 죽이는 일에 나서는 이 상황에서 우리는 어떤 희망을 가질 수 있을까? 마지막 희망은 위기의 순간마다 늘 출현했던 생명을 살리기 위해 죽음을 각오하고 노력하는 개인들이다.

무려 2,500명의 아이들을 관 또는 궤짝 속에 숨겨온 여성이 결국 사형을 선고받았다. 이레나 샌들러. 1939년 나치가 폴란드를 침략했고, 29살의 간호사는 저항군이 됐다. 그녀는 게토에서 유대인 아이들을 구하기 위해 이들을 몰래 빼내오기 시작했다. 아이들을 응급차, 쓰레기봉투, 관, 심지어 시체 사이에 몰래 숨겼다. 이때 구조된 아이들은 2,500명이 넘는다. 그녀는 전쟁 후 가족과 다시 재회할 수 있도록 아이들의 이름을 적어 유리병에 보관했지만 1943년 체포된다. 잔인하게 고문을 당하고도 입을 열지 않자, 사형을 선고받는다. 사형 집행 전, 극적으로 풀려난 그녀는 신분을 위장한 채 숨죽여 살아야 했다. 전후 이레나는 아이들의 이름이 적힌 유리병을 찾아내 유대인 단체로 보냈다. 이후 이레나는 평범한 삶을 살았다. 결혼도 하고 3명의 자녀를 두었다. 2007년이 되어서야 진정한 영웅, 이레나의 업적이 세상에 알려진다. 노벨평화상 후보에 올랐지만 상을 받지는 못했다. 그녀는 상관없다고 말했다. "이젠 제가 구한 아이들뿐 아니라, 그들의 손자와 손녀들까지 저를 찾아와요." 용감한 간호사 이레나는 자랑스럽게 말했다. 당시 어떻게 그런 용기를 낼 수 있었냐는 질문에 그녀의 대답은 간단했다. "아버지 때문이죠. 어린 시절, 아버지께서는 늘 제게 곤경에 처한 사람을 도우면서 살아야 한다고 말씀하셨어요. 비록 제가 어렵더라도 말이죠." 이레나는 98세의 나이로 조용히 눈을 감았다.

가톨릭 신자 이레나는 "너희가 내 형제들인 이 가장 작은 이들 가운데 한 사람에게 해 준 것이 바로 나에게 해 준 것이다."(마태

24:40)라는 말씀을 목숨 걸고 실천한 생명을 수호하는 개인이다. 이 여인처럼 '가장 작은 이'의 생명을 지키는 개인으로 살겠다는 부름을 받고 거기에 응답하는 사람들이 많이 나와야 한다.

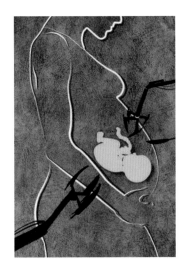

3장

여성의 존엄성과 생명의 절대성 회복을 위한 성교육

그러던 어느 날 산후조리를 위해 친정에 와 있던 둘째 언니와 큰언니와 함께 잠을 자고 있는데, 어머니께서 급하게 들어오시더니 "내가 지금 태몽을 꿨는데, 임신한 사람이 큰애 너냐? 아니면 둘째 너냐?"라는 질문을 하시면서 꼭 낳으라고 하시는 것이었다. 그때 큰언니는 둘째 딸을 낳은 지 6개월이었고, 둘째 언니는 산후조리 중이었으므로 이 둘은 서로 나는 아니라며 손사래를 쳤다. 잠결에 이야기를 들은 나는 '드디어 때가 되었구나!' 싶어 어머니가 방을 나가시자마자 언니들에게 혼이 날 각오로 사실을 알렸다. 어머니의 꿈을 듣고 난 후여서 언니들은 잘되었다며 엄마에겐 언니들이 잘 얘기할 테니, 걱정 말고 결혼하라고 이야기해 주었다.

『청소년들에게 보내는 사랑과 책임의 성교육 편지 2』 171쪽

여성의 존엄을 회복시키는 성교육

여성을 음식 취급하는 사회

'미숙이가 땡긴다', '지혜가 땡긴다', '지영이가 땡긴다', '민경이가 땡긴다', '시은이가 땡긴다', '미선이가 땡긴다'라는 문구와 함께 여자의 손이 남성의 볼을 잡아서 당기면 시무룩했던 표정이 밝아지면서 행복해하는 모습을 보여 주는 광고물이 전국 대도시 도심의 버스 정류장에 있었다. 그 하단에는 "사랑한다면 여기 어때"라고 써 있다. 도대체 무슨 광고일까?

모텔앱 광고다. '땡기다'는 '음식을 주어로 삼아서 그 음식을 먹고 싶은 욕구, 욕망을 느낀다.'라는 의미를 표현하는 동사다. 그런데 이 광고에서는 각각 다른 여성의 이름이 반복되면서 'ㅇㅇ가 땡긴다'라는 카피가 반복된다. 무슨 뜻일까? 존중받아야 할 인격인 여성들을 그 남성이 먹고 싶다는 뜻이며, 여성의 손이 남성의 볼을 당기는 모습은 여성이 먹히기를 원한다는 뜻이기도 하다.

이 광고는 여자를 음식으로 격하시켰다. 더 큰 문제는 그 남성이 혼자서 여러 명의 여자를 먹는 것으로 표현했다는 사실이다. 남자가 여자를 뷔페 음식 골라 먹듯이 먹을 수 있다는 메시지를 무의식에 새기는 광고가 아무런 비판 없이 공공장소에 있는 것은 여성의 존엄을 심각하게 훼손하는 일이다.

성관계 권하는 광고에 포위된 삶

이 광고는 TV에도 방송됐다. 인기 절정의 치어리더가 모텔에 가고 싶다는 은근한 메시지를 남친에게 전하면, 가슴에 불이 타오르는 이미지와 횡재했다는 표정으로 끝나는 5편의 광고다. 여성이 땀을 흘리며 응원을 하다가 "아! 씻고 싶다." 하면 "아! 여기 어때" '기회는 항상 예고 없이 찾아온다.'라는 카피가 나오고, 정류장에서 차를 기다리면서 "오빠야! 나 어제 귀신 꿈 꿨어. 무서웠어. 혼자 있기 싫어." 하면 '그래! 불타는 청춘들을 위하여.'라는 카피가 나오는 식이다.

버스 옆면과 지하철에도 "모텔 갈 땐 여기 어때"라는 광고가 수없이 도배되어 있었다. 그 앱과 제휴를 맺은 모텔 앞에는 "라면 먹고 갈래?", "택시비 아까비", "오늘 할 일을 내일로 미루지 맙시다.", "할 수 있을 때 하자." 등의 입간판이 서 있다.

광고에 엄청난 돈을 투자했기 때문에 이 앱은 상당수 젊은이들의 스마트폰에 설치되어 있다. 이 광고가 무의식에 각인시키는 성적 가치관은 연애하면 '모텔은 당연히 가는 놀이터', '여자는 음식', '성관계는 놀이', '모텔은 여자를 먹는 뷔페'가 된다. 거대기업이 광고 마케팅을 통해서 젊은 세대에게 성관계를 집요하게 강요하는 것이다.

광고, 가장 성실한 선생님

광고는 침투력 강한 매체를 통해서 수많은 것들을 가르치는데, 우리는 배웠다는 의식 없이 그 가르침을 따를 가능성이 높다.

> "광고가 제공하는 신화적 교훈은 모든 사회적 가치를 소비사회의 덕목에 종속시킨다. 광고가 보여 주는 그 어떤 장밋빛 미래든 그것은 광고되는 상품을 소비할 때에만 가능하기 때문이다. 무엇을 할 것인가, 어떻게 살아야 할 것인가, 그것은 광고가 가르쳐 준다. 국가에 충성하는 방법, 공중도덕을 지키는 방법, 치통을 없애는 방법, 피곤을 푸는 방법, 이성교제를 무난히 하는 방법까지 가르쳐 준다.
> 물론 소비자는 결코 순진한 학생은 아니다. 광고가 가르치는 대로 따라 하지 않는다. 그러나 1년 365일, 매일 몇 시간씩 눈과 귀를 따라다니며 반복에 반복을 거듭하는 선생이 광고 말고 어디에 있는가? 그것도 15초에서 30초짜리 강의를 만들기 위해 몇억 원을 써가는 성의를 보이면서 가르치는 선생이 어디 있는가? 그렇게 학생을 가르치기 위해 쓰는 돈이 우리나라에서 연간 12조 원이 넘는다."(『대중문화의 겉과 속』 366쪽, 강준만 저)

기업은 이렇게 젊은이들에게 '섹스=게임'의 가치관을 각인시키기 위해 막대한 자금을 뿌리는데, 고액 연봉의 전문가들이 그 일을 하기 때문에 그 작전은 늘 성공한다. 그렇게 '섹스=게임'의 생각을 품은 젊은이들이 늘어나면 기업은 더 큰 수익을 올린다. 광고비는 당연히 지출해야 할 마중물인 것이다.

재미있는 악(惡)을 학습한 결과

광고 등을 통해서 재미있게만 학습한 '여자=음식'의 가치관은 이 시대의 통념이다. 여대생을 과일에 비유하여 대학가의 식당에 게시한 글이 있었다. 1학년은 파인애플(벗기기 어렵지만 새콤달콤 부드럽다.), 2학년은 바나나(벗기기 쉽고 부드럽다.), 3학년은 사과(무난하게 구하기 쉽고 맛도 좋다.), 4학년은 토마토(아직도 자신이 과일인 줄 안다.) 여학생들의 항의로 삭제됐지만 이런 글은 무수히 출현한다.

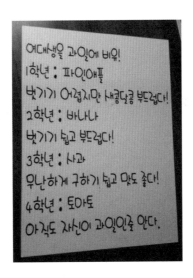

"[클럽] 여자생각: 친구들과 음악 들으며 스트레스 푸는 곳, 남자생각: 뷔페집."

"[집] 여자생각: 떨리고 조심스럽지만 가보고 싶은 곳, 남자생각: 공짜로 짝짓기하는 곳."

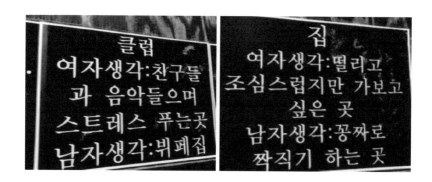

이는 서울 대학가 술집의 내부 장식품인데, 여기서도 여자는 남자가 먹는 음식일 뿐이다. 다음은 대학가 술집의 안주 메뉴판이다.

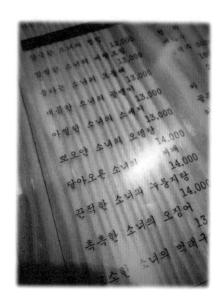

"새콤한 소녀의 골뱅이, 뽀오얀 소녀의 오뎅탕, 촉촉한 소녀의 오징어…"는 여자를 음식 취급하는 강력한 사회적 맥락이 없다면 절대 출현할 수 없는 술안주 이름이다. 다음은 대학축제 주점의 메뉴판과 간판이다.

'나' 말고 '뭐' 먹을래?', '오빠의 번데기탕', '오빠, 우동 먹고 갈래', '잘 꽂힌 오뎅탕', "술도 먹고 너도 먹고, 일석이조 경영포차" 여기서도 '여자=음식'의 왜곡된 가치를 대학생들이 스스로 실현하며 즐기고 있다. 이것이 악이라고 분명히 지적해 주지 않으면 이런 뒤틀어진 가치 속에서 성장한 젊은이들이 이런 행태를 잘못이라고 생각하기가 상당히 어렵다.

악은 악을 불러들인다

여성을 음식 취급하며 놀이로 즐기는 성관계에는 여성에 대한 존중이나 생명에 대한 책임이 존재할 수 없다. 그러나 이런 성관계에서도 생명은 생길 수밖에 없는데, 이런 경우가 원치 않는 임신이고, 그러니까 낙태가 여성의 권리가 되어야 한다는 것이 낙태죄 폐지 주장의 핵심 중 하나다. 그들은 12주 이하의 태아는 사람이 아니라 세포조각이기 때문에 없애도 된다는 주장을 편다. 엄마가 아기를 원하면 12주 이하의 태아가 인간 생명이 되고, 원치 않으면 세포조각이 되는 해괴한 논리가 여기서 탄생한 것이다. 놀이화된 성관계라는 악이 낙태라는 더 큰 악을 권리로 포장해서 불러들이는 것이다.

법무부의 낙태죄 유지 변론에 "통상 임신은 남녀 성교에 따라 이

뤄지는 것으로, 강간 등의 사유를 제외한 자의에 의한 성교는 응당 임신에 대한 미필적 인식을 가지고 있다고 할 것이므로 이에 따른 임신을 가리켜 원하지 않은 임신이라고 보기는 어렵다."라는 구절이 있다. 성관계가 임신을 유발하는 필연적 행위임을 알면서 자기 의지로 성관계를 하고, 그 결과인 임신은 책임지지 않고 낙태로 해결하겠다는 태도를 법이 인정할 수 없다는 뜻이다. 매우 상식적인 판단인데, 프로초이스 단체와 대다수의 언론은 여성을 폄하했다고 장관의 경질까지 요구했다.

임신의 책임을 여성에게만 묻는 것이 한국 법의 심각한 결함이기 때문에 양육비 책임법으로 대표되는 국가와 남성의 책임이 법에 추가되어야 하는 것이 상식이고, 낙태죄 폐지보다 이것이 우선인데, 세상은 반대로만 가고 있다. 세상을 바꾸기 어렵다면 세상이 우리를 바꿀 수 없도록 선한 싸움을 지속해야만 한다. 생명을 품고 키워 내고 독립시키는 여성의 능력인 **생육성**(生育性, generativity)과 여성의 존엄을 회복시키는 성교육이 꼭 필요하다.

> **생육성(生育性, generativity)이란?**
>
> 생명을 열망하고 생명을 출산하고 보호하며 양육하고 마침내 그 생명이 또 다른 생명을 낳고 전달하도록 독립시켜서 떠나보내는 여성이 가진 일련의 소중한 능력을 뜻하는 용어.

성(性), 진리냐 유행이냐
그것이 문제로다

성경험이 없으면 왕따

안녕하세요? 지난해(2014년) 한국청년대회에서 강연을 듣고, 혼란스러웠던 가치관이 정리가 되었어요. 감사드려요. 정결에 담긴 책임과 아름다움을 깨달았다고 생각했는데, 생활로 돌아와 현실에 부딪히면서 그 생각을 지키는 것이 참 어려웠습니다. 섹스 토크쇼 〈마녀사냥〉이 20대들에게 엄청난 인기를 끌고 있는 것을 아시는지요? 술자리나, 친구들을 만나면, 대낮에 카페에서도 '그런' 이야기를 아무렇지도 않게 합니다. 거기에 끼지 못하면, 소외당하는 기분이 들어요.

지난 1월에는 유럽여행 중 처음 만난 한국 사람들과 진실게임을 했습니다. 술병을 돌려서 지목되는 사람에게, 진실을 묻는 것인데, 그 질문이 언제 처음 자 보았는지부터 시작해서 참 부끄러운 이야기들이었어요. 저는 한 번도 경험이 없다고 하니까, 제가 지목되면, 넌 물어볼 게 없으니까 '벌칙해'라는 식이었어요. 한 번도 '자 보지' 않아서 벌칙을 해야 하는 상황이, 처음 만난 사이에 어디가 성감대니 같은 게 궁금한 것이 정말 이상

했어요.

이런 일이 반복되면서 자꾸만 제가 루저가 되는 것 같은 느낌이 들어요. '네가 매력이 없으니까 남자친구가 없는 거야, 네가 못나서 자 보지 못한 건데, 혼전순결 핑계대면서 남자랑 자 보지 못한 너를 합리화하는 거야' 하는 생각이 들고, 자존감이 낮아져요.

부끄럽지만, 한 가지 더 궁금한 것이 있습니다. 자위를 하는 것은 가톨릭 교리에서 죄가 되는 것인가요? 자위는 생명과는 관계없는 것이니 해도 되는 것인가요? 저는 가끔 자위를 합니다. 그런데, 요즘 들어 그 횟수가 좀 잦아지는 거 같아요. 그리고 이래도 되는 건지, 안 되는 건지 혼란스러워요.

2014년 프란치스코 교황님이 한국을 방문하셨을 때 필자의 강의를 들었던 여대생이 보낸 메일이다. 이미 청년들의 삶에서 성관계가 재미있는 놀이로 자리를 잡았다는 사실을 알 수 있다. 대학 4학년의 84.7%가 성경험이 있다는 응답을 보여 주는 연구도 있는데, 이는 성이 혼인과는 무관한, 또 연인이 아니어도 얼마든지 주고받을 수 있는 물건이 되었다는 사실을 보여 준다.(국내 대학생들의 성경험 실태 및 성경험 예측 요인분석, 대한보건연구 40권 3호)

이런 조류를 따르지 않는 젊은이들, 특히 '생명, 책임, 인격, 절제, 정결, 혼인과 가정'의 가치관을 따라 살려고 하는 청년은 왕따를 당하기 쉽다. 이 여학생이 그 전형적인 경우인데, 이런 혼란을 겪고 있는 젊은이들에게 교육자는 명확한 답을 줄 수 있어야 한다. 젊은이들이 깨달음을 얻지 못하면, 원치 않아도 거대한 오류 속으로 휘말려 들어갈 가능성이 매우 높기 때문이다.

무엇을 따를 것인가?

그렇다면 이들에게 가장 먼저 무엇을 깨닫게 해줘야 할까? 내가 진리와 유행 중 무엇을 더 쉽게 따라가는 사람인지를 알게 하는 것이다.

7명의 대학생들에게 매우 간단한, A/B/C 세 개의 선 중 보기의 선과 그 길이가 같은 것을 말하는 과제를 내 주고 한 명씩 말하게 한다. 마지막 의자에 앉은 한 명을 제외한 6명은 실험자와 미리 짜고, 줄줄이 오답을 말하는 연기자들이다. 유치원생도 틀릴 일이 없는 질문에 6명이 연속해서 오답을 말한 후, 마지막 피험자를 6명이 동시에 노려보면, 피험자는 어떤 선택을 할까? 신념을 지키고 정답을 말할까? 6명의 압력에 굴복할까? 처음은 정답을 말하지만, 그 다음부터는 6명이 말한 오답을 정답이라고 말해 버리는 경우가 70~80%라고 한다. 다수의 의견에 동조해 버리는 것이다.

이런 상황에 대해 최인철 교수(서울대 심리학과)는 "사람이 타인들로부터 배제되는 경험을 하면 뇌에서 신체적으로 아픔을 당할 때 활성화되는 부위가 활성화됩니다. 그것은 인간은 기본적으로 다른 사람들과 관계를 맺고, 그 사람들 안에 포함되려는 아주 강력한 동기가 있다는 것입니다."라고 설명한다. 인간의 이성(理性)은 우리에게 원칙을 따르라고 하지만, 마음 깊은 곳에는 원칙이 아니라 다수를 따르라고 하는 이성보다 강한 힘이 있는 것이다.

이런 쏠림현상을 동조현상이라 하는데, 이 시대 젊은이들이 성관계를 놀이처럼 여기고 자유 성관계가 확산되는 것은 소비사회가 만들어낸 대규모 유행현상이다. 인생과 생명이 결부되어 있는 성관계라는 중대사를 심사숙고해서 결정하는 것이 아니라, '남이 하니까 왠지 안 하면 손해 보는 느낌이 드니까 나도 한다.'는 식으로 수많은 청년들이 성관계의 장으로 뛰어들고 있는 것이다.

'누구와 어울리느냐?'가 큰 영향을 미치는 인생

위의 '대학생 성경험 실태 연구'에서도 친구가 성경험이 있는 학생 중에는 75.2%, 그렇지 않은 학생은 30%가 성경험을 했다고 응답하여, 성경험에 가장 큰 영향을 끼치는 요인이 또래압력으로 밝혀졌다. 친구 따라 강남 가는 게 아니라, 친구 따라 섹스하는 것이다.

그리스도교 신자 청년들도 마찬가지다. 모 성당의 주일학교 교사 등의 청년을 대상으로 피정을 지도한 적이 있는데, 설문 결과 응답자 21명 중 성관계 경험이 있는 사람은 11명(52%), 원나잇 경험이 있는 사람은 6명(29%), '사귄 후 성관계까지 어느 정도의 시간이 적절하다고 생각하십니까?'라는 질문에는 '결혼 후'라는 대답은 3명(14%)뿐이었고, '일주일 안에도 가능하다'는 대답은 7명(33%)이었다. 매주 미사에 나와서 봉사 직분을 수행하는 신자 청년들임에도 불구하고, 원나잇까지 하는 사람이 적지 않은 것이다.

시대가 이렇다 보니 이성교제를 하면서 성관계를 거부하면 그 연애가 깨지고, 주변 친구들도 거의 성관계를 하고 있는데, 나만 안 하면 연애도 결혼도 못 하는 것 아니냐는 불안을 호소하는 청년들이 늘어나고 있다. 그렇다면 대세를 따라야 할까? 그렇게 했을 때 궁극적으로 생명과 행복이 오면 그 길로 가야 하지만, 죽음과 불행이 온다면 그 넓은 길로 수많은 사람이 가더라도 절대 그리로 가서는 안 된다. 또래압력에 큰 영향을 받는 것이 인간이지만, 지성과 영혼이 있는 인간은 반드시 식별해야 할 의무가 있다.

그런데 왜 내 주변에는 다 그런 친구들뿐일까? 향을 풍기면 나비가 오고, 썩은 것이 있으면 파리가 온다. 내 안의 것이 밖의 것을 불러들이는 것이다. 내 집착을 만족시킬 애인을 구하려는 마음이 강하고 내가 정화되지 않으면, 내 주변에는 그런 사람들만 꼬이면서 나를 악으로 끌어갈 가능성이 높아진다.

"저는 누구와 결혼할지 아직 모릅니다. 그러나 저는 장차 제 아내가 될
사람을 벌써부터 배신하고 싶지 않습니다."

왜 한 번도 여자와 잠자리를 하지 않았느냐는 질문에 대한 남자 대
학생의 대답이다. 이 청년은 같은 마음을 품은 짝을 불러들여서 만
날 것이다. 터무니없는 이야기라며 비웃음이 나온다면, 그것은 내가
아니라 내 안에 나인 것처럼 숨어 있는, 내게 대세를 따르라고 하는
악(惡)이다. 거룩한 무관심이 악을 떼어내는 변화의 첫걸음이다.

왜 성관계가 내게 큰 상처만 주었을까?

상처로만 남은 첫 성관계

사례 1)

나는 가톨릭 신자로서 확실한 성적 가치관을 가졌다고 생각했으나 남친을 사귄 지 100일도 되지 않아 첫 경험을 하게 되었다. 성관계 후 나에게 찾아온 건 임신에 대한 두려움이었다. '남친을 신뢰할 수 있을까?' 등의 미래에 대한 걱정도 함께 몰려왔다. 분명 콘돔피임을 했지만 임신 가능성은 있었다. 남친은 불안해하는 나에게 "피임 확률이 80% 이상이니까 괜찮을 거야"라고 말했다. 나는 20%의 확률은 생각을 안 하는지에 대해 물었고, 남친은 그저 나를 안심만 시켰었다. 우리는 임신이 되지 않길 바라며 계속 성관계를 가졌었고, 나는 콘돔만으로 불안해서 피임약을 먹으며 이중피임으로 불안감을 낮추었다. 그러나 매번 테스트기 확인을 해야만 안심이 되었다. 첫 남친과는 성관계 후 나의 불안함으로 많은 대화를 나누었지만 합의점을 찾지 못하고 삐걱거리다가 결국 헤어졌다.

첫 경험 전에 나에게 여러 번 질문을 했던 것이 기억난다. '내가 원해서

하는 게 맞아?', '후회하지 않을 것 같아?', '사랑해서 하는 거야?' 이러한
질문을 여러 번 했지만 결국 시간이 지나고 나선 펑펑 울 만큼 후회를 했
었다. 이유는 그렇게 여러 번 스스로 물어봤지만 대답은 진정한 YES가
아니었기 때문이었다. 되돌릴 수 없었고, 남친이 원했기 때문에, 나 자신
보다는 상대방과의 관계에 영향이 생기는 것을 더 우선시했기 때문에 내
자신에게 너무 미안했고 바보 같았다.

첫 성경험 이후 기쁨과 행복이 아니라 두려움과 불안이 엄습한 이
유는 무엇일까? 피임 실패 가능성은 외면하고, 80%의 성공만 보라
면서 안심만 시키는 남친이 진정으로 나를 존중하고 책임질 마음이
없고, 나를 쾌락의 도구로만 사용한다는 사실을 감지했기 때문이다.
이 여성은 이미 남친과 자신의 관계가 사랑이 아니라는 사실을 알고
있지만, 호기심과 남친의 설득으로 시작된 성관계를 멈추기 어려웠
다. 이성(理性)으로는 원하지 않았지만 그보다 더 큰 힘에 이끌려 성
관계에 휘말려 들어간 것인데, 이 어리석음이 마음과 영혼에 깊은
상처를 남겼다. 여자만 이런 상처를 받을까?

사례 2)
저는 남자치고는 굉장히 성에 대해서 진지하고 보수적인 입장이지만 어
릴 적부터 포르노에 노출되어 왔고, 음담패설 방송이 인기를 얻는 이 시
대에 성교육의 필요성 자체를 못 느끼고 살아왔습니다. '다 아는데 무슨
교육이 나에게 더 필요한가?'라는 태도로 살아온 것입니다.
그러다가 한 번도 맞닥뜨려 본 경험이 없는 일을 겪게 되었습니다. 작년

까지 몇 차례 여자친구를 만났지만 성경험은 갖지 않았습니다. 혼전순결 까지는 아니지만, 적어도 제가 책임질 수 있을 때에 정말 사랑하는 사람 과 아름답게 성관계를 시작하고 싶다는 제 나름의 소망과 신념이 있었기 때문입니다. 그래서 저보다 연상이었던 여자친구가 넌지시 여러 번 의사 를 표현했음에도 불구하고 25살이 될 때까지 신념을 지키고 살았던 것 입니다. 사실 제 주변을 보면 빠르면 고등학생 늦어도 20살, 21살이면 성관계를 시작하니, 저는 매우 예외적인 경우였습니다. 제 신념을 지킨 것인데도 불구하고, 친한 친구들과 선배 형들에게 '넌 줘도 못 먹는 놈'이 라는 말을 들으면서 오히려 놀림거리가 되었습니다.

그런데 25살, 작년 여름에 친구 소개로 지금의 여자친구를 만나게 되었 습니다. 그런데 알고 보니 그녀는 이전 남자친구와 성관계 경험이 있었 습니다. 그 사실을 알고 나서 하늘이 무너지는 것 같았고, 너무 속상했지 만 사랑하는 사람이기에 다 안아 주고 극복해야 한다고 생각했습니다. 그러나 그녀는 다 알고 저는 모른다는 게 너무 무섭고, 또 답답해서 제가 전에 그리던 그런 아름다운 경험이 아니라 뭔가에 쫓기듯이 그렇게 첫 경험을 했습니다. 하지만 너무나 익숙해 보이는 그녀의 모습이 제게는 또 큰 상처로 각인되었고, 제가 지금까지 애써 지켜왔던 신념이 쉽게 무 너지고 제가 그리던 그런 아름다운 경험을 하지 못한 것에 저는 너무나 마음이 아팠습니다. 그 이후에도 지속적으로 악몽에 불면증에 시달리고, 성적으로 학대받은 사람에게 나타나는 증상들이 동일하게 나타났습니 다. 첫 성관계가 저에게는 큰 상처가 된 것입니다.

이 남학생은 성관계로 마음과 영혼에 큰 상처를 입었다. 성경험이 많은 여친이 경험이 전무한 남친을 성적 도구로 사용했기 때문이다. 존중의 대상이 아니라, 물건화되는 상대는 여자건 남자건 큰 상처를 받을 수밖에 없다. 이 남학생은 인격과 영혼이 일치되는 진정한 성적 결합을 소망했지만, 또래집단의 압력인 '줘도 못 먹는 놈'이라는 비난에 등 떠밀리고, 여친의 이전 성경험이 준 상처에 이끌려서 전혀 원하지 않았던 첫 성경험으로 휘말려 들어간 것이다.

결코 물건 취급할 수 없는 인간의 성(性)

이런 종류의 성관계는 사랑이 아니라, 칠죄종(七罪宗)의 하나인 음욕일 뿐인데 세상의 문화, 특히 대중문화가 여기에 사랑이라는 이름표를 붙여 놓고, '합의만 하면 된다.' '피임만 하면 된다.' 하며 선전하기 때문에 속아서 상대방을 물건 취급하며 나 또한 물건이 되는 젊은이들이 폭증하고 있다. 인간은 절대적 가치를 지닌 존엄한 존재이기 때문에 절대로 물건처럼 임의로 쓰고 버릴 수 없다. 칸트는 이 윤리 원칙을 정언명령 2번 "나 자신이든 다른 사람이든 인간을 단순한 수단으로 다루지 마라. 인간을 언제나 목적으로 다루도록 하라"(『실천이성비판』)로 정리했다. 인간의 성은 인격과 결합되어 있기 때문에 합의나 동의로 주고받거나 이용할 수 있는 물건이 아닌 것이다.

프란치스코 교황님도 젊은이들에게 성을 도구화하는 세상 풍조를 따르지 말라고 조심스럽지만 뜨겁게 촉구하셨다.

> 저는 지금 여러분들이 참으로 선하다는 것을 압니다. 아울러 제가 솔직하게 말해도 된다는 것도 알고 있습니다. 그래도 도덕군자마냥 말하고 싶지는 않네요. 인기 없고 쉽지 않은 말이기는 하지만 한 말씀 드려야 할 듯합니다. 교황도 때때로 진리를 말하기 위해 위험을 무릅써야 하니까요.
> 사랑은 상대를 매우 존중합니다. 사랑은 사람을 이용하지 않는 거죠. 사랑은 절제할 줄 아는 것입니다. 그러므로 이 세상의 젊은이 여러분! 이 쾌락주의적이며 그저 향락과 개인적 안위의 삶을 살라고 선동하는 이 세상의 여러분들에게 말합니다. 절제할 수 있기를 바랍니다. 정결하길 빕니다. 물론 우리 모두에게 삶 속에서 때때로 이 덕목을 지키기란 매우 어렵습니다. 하지만 이것이야말로 진실한 사랑의 방법입니다. 상대에게 참으로 생명을 줄 줄 아는 사랑, 본인의 쾌락을 위해 상대를 사용하지 않는 사랑 말입니다. 이것은 상대의 삶과 생명을 거룩하게 여기는 사랑입니다.

'나는 당신을 존중합니다.', '나는 그대를 이용하기를 원치 않아요.', '내가 당신을 사용하다니요?'라고 하는 사랑 말입니다.

네. 쉽지는 않습니다! 우리 모두는 요즘의 사랑에 대한 쾌락주의와 가벼움을 극복하기가 어렵다는 것을 알고 있습니다. 만약 제가 한 말이 여러분들이 기대한 답이 아니라면 용서해 주기를 바랍니다. 하지만 저는 여러분들이 정결하게 사랑을 살아가기 위해 노력하기를 바랍니다.(토리노 청년들과의 만남, 2015.6.21.)

피임이 과연 여성을 해방시켰을까?

1960년대 피임약이 개발되었을 당시 여성이 임신을 할지 말지, 또한다면 언제 할지를 결정할 수 있게 되었다고 생각했기 때문에 이 약이 여성해방에 중요한 기여를 했다는 목소리가 컸다. 그러나 60년 가까운 시간이 지난 지금도 이 통념은 피임 산업과 페미니즘, 피임교육 단체들에 의해서 강화되고 있다. 정말 피임약이 여성을 해방시키는지 따져 볼 필요가 있다.

① 내가 이중피임을 하게 된 이유는 임신에 대한 불안감 때문이다. 처음에는 콘돔만 사용했지만 성관계가 반복되면서 불안감은 커졌고 피임률을 높일 수 있는 피임약을 떠올렸다. 먹는 것이기 때문에 몸에 안 좋은 영향을 끼칠 수 있다고 생각하여 인터넷으로 자세히 정보를 찾아본 결과 많은 사람들이 이 약을 복용하고 또 부작용도 적고 여성의 몸에 해를 끼치지 않는다는 긍정적인 정보들이 많아서 안심하고 구매를 하게 되었다. 먹어 봐서 나중에 알게 된 사실이지만, 피임약이 몸에 해를 끼치지 않고 부작용이 없다는 것은 거짓말이다.

피임 교육 단체는 이중피임(남자는 콘돔, 여자는 피임약)을 하라고 가르친다. 왜 그럴까? 피임약이 개발되던 당시에는 이것이 임신의 부담에서 완벽한 해방을 선사해 줄 것이라는 장밋빛 환상이 있었지만, 어떤 피임법도 100%가 아니라는 사실이 경험적으로도 또 과학적으로도 충분히 확인되었기 때문이다. 항암제가 개발될 당시 10년 안에 암이 정복된다는 환상이 생겼다가 사라졌고, 줄기세포가 나왔을 때 모든 질병이 정복된다는 환상이 들끓었지만, 치료제로 주입된 줄기세포가 암을 유발할 수 있다는 문제가 제기된 후에는 그 환상이 사라졌다. 방송과 인터넷에 산재된 피임약에 대한 긍정적 정보들을 누가 왜 뿌려 놓은 것인지 생각해야 한다.

② 약을 보니 개수가 많고 복용법은 매일 같은 시간에 먹어야 하고 하루라도 안 먹으면 효과가 감소한다고 적혀 있었다. '과연 매일 먹을 수 있을까?'라는 생각을 하며 핸드폰 알람을 맞춰 놓았다. 저녁시간이 약 먹기에 편할 듯싶어 정했지만 생각보다 쉽지 않았다. 약속으로 외부에 있을 때면 알람을 못 들을 때도 있었고, 술자리에서 음주 후 먹은 경우, 같이 있는 사람들에게 들키지 않게 몰래 먹는 경우들이 있었다. 그래도 그렇게라도 먹어야 피임률이 높아지니까 열심히 먹었다. 피임약을 먹으면서 한편으로 뿌듯하고 대견함을 느꼈다. 지금 생각하면 내가 참 한심하고 우습지만 그때는 그렇게 생각했다. 피임을 남친에게만 맡기는 것이 아니라 '나도 내 스스로 몸을 지키자'라는 생각을 했었는데, 나 자신을 위한 행동처럼 느껴져서 잘했다고 생각했는데, 결과는 정반대로 나타났다.

피임약을 먹은 초기에 느꼈던 뿌듯함과 대견함은 피임이라는 신화(神話)가 주는 일시적인 만족감이다. 뱀이 먹으라고 한 열매를 보고 하와가 느꼈던 감정이 바로 이 거짓 행복인데, 실제 현실과 만나면 이것은 금세 실망과 괴로움으로 바뀐다. '나도 내 스스로 몸을 지키자'는 맞는 생각이지만, 성관계에서 나를 지켜 주는 것은 신뢰와 책임의 원칙이지 알약이 아니다. 원칙을 따르면 보호를 받지만, 거기서 벗어나면 악의 공격권에 노출된다는 만고불변의 진리를 꼭 기억해야 한다.

③ 피임약은 오로지 피임률을 높이기 위한 선택이었는데 남친이 이런 말을 했다. "피임약 먹고 있어? 피임약이 피임률이 높으니 콘돔 빼고 성관계를 해 보자." 콘돔 사용 시 남녀의 성기 민감도가 떨어지므로 이런 제안을 했을 때, 나는 거절을 할 수 없어서 그렇게 했다. 나로선 다른 점을 느끼지 못했지만, 남친은 나와는 달리 많이 느끼고 좋아하는 모습을 볼

수 있었다. 이후 남친은 콘돔을 사용하지 않았고, 나 또한 그의 반응을 보며 콘돔 사용을 하자는 말을 못했다. 어느새 당연하게 콘돔을 사용하지 않았고, 마음 놓고 질내사정을 하는 모습을 보면서 나는 정말 억울했다. 피임약을 통해 남친이 나를 자신의 성적 욕망을 위한 도구와 노리개로 이용하는 느낌을 강하게 받았기 때문이다.

이 여학생은 임신에 대한 걱정 때문에 피임약까지 먹으면서 괴로운 삶을 사는데, 성관계 때마다 여친에 대한 배려는 전혀 없고 자기 쾌락에만 몰두하는 남친을 보게 된 것이다. 이 때 이 여성이 느낀 감정은 무엇일까? 처절한 배신감이다.

④ 많은 불편함과 고통을 감수하면서 피임약을 먹는 내 생각은 전혀 하지 않은 채 남친은 자신만의 쾌감만을 중요시했고, 나는 성관계를 하면서 내 존재를 다 내어주면서도 존중받지 못하는데 왜 내가 온 정성을 다해서 매일 같은 시간에 핸드폰 알림 울리면 피임약까지 먹어 가면서 이 남자와 성관계를 해야 하는지에 대한 의문이 들었다. 남친한테 다시 콘돔도 같이 사용하자고 말을 하니 마지못해 하긴 했지만, 그전과 비교하여 민감도가 떨어진다는 이야기를 하였고 그 말을 들었을 때마다 나는 실망스러웠다.

남친은 이 여성을 사랑하는 것이 아니라, 욕망의 도구로 사용한다. 남친에게 물건 취급을 당하는 여성은 존재에 깊은 상처를 입었다. "남친이 나를 돈 안 줘도 되는 창녀 취급하는 것 같아요."라고 했는데 정확한 인식이다. 고통스럽지만 인정해야만 이 구렁에서 벗어날 수 있다.

⑤ 본인만 생각하는 남친의 태도에 대해 혼자만의 걱정과 불만으로 쌓아 두기엔 답답해서 내가 겪는 부작용도 말을 했었다. "생리가 끝나고도 피가 조금씩 나오고 색도 이상하다. 몸도 많이 아프다. 부작용이 아닐까?"라는 말을 했지만 남자친구는 딱히 도움되는 행동이나 말은 없었다. 나를 배려해 주고 존중해 주기를 바랐지만 내가 도움을 청하면서도 그 도움을 받고 싶지 않은 이상한 마음이 올라왔다. 결국 헤어졌고, 나는 콘돔과 피임약을 둘 다 사용하면서 성관계를 하면 안전하고 행복할 줄 알았는데, 상처만 두 배 세 배로 받았다.

부작용을 인정하고 피임약을 끊으면 남자는 자기 쾌락이 감소되기 때문에 여친의 그 고통스러운 고백이 귀에 들어오지 않은 것이다. '도움을 청하면서도 그 도움을 받고 싶지 않은 이상한 마음'이란 뭘까? 이미 남친과의 관계가 내적으로 단절되었음을 의미하는 것이다. 육체적으로 성관계는 하고 있지만 정신적 영적으로는 끊어졌고, 이런 관계는 곧 결별로 이어진다. 헤어지지 않고 성관계를 이어가더라도 사실은 죽은 관계이며, 이 상태에서 임신이 발생하면 남친은 절대로 책임지지 않고 도망친다.

여성을 해방시키는 것은 신뢰와 책임이지 매일 먹어야 하는 알약이 아니다. 그리고 그 신뢰와 책임은 모든 선진 복지국가가 그러하듯이 남성과 국가가 제공해야 한다. 여성에게 피임약을 먹이고 그런 여성이 진보적이고 깨인 사람인 것처럼 포장하는 것은 국가와 남성의 책임을 여성에게만 전가시키는 직무유기이며, 이것이야말로 전 지구적인 여성차별이고 여성혐오다.

'피임약이 여성을 해방시킨다.'라는 문구는 간결하기 때문에 선동에 활용하기 쉽다. 그러나 현실은 위의 사례처럼 깊고 복잡하기 때문에 간결한 문구로 정리하기 어렵다. 그러나 진실은 이 디테일(detail)에 있다. 그들의 선전과 내 실제 삶을 비교대조하는 지적이고 영적인 수고로움을 감당해야만 속지 않을 수 있다. 이것이 식별이고, 교육자가 젊은이에게 비추어 줘야 할 진리의 빛이다.

피임의 실상과 환상을 구별하기

삶이 보여 주는 피임의 실상

"나 임신테스트기 쓸 거다."

"뭐! 야! 이유미, 야! 너 내가 그 기분 제대로 알지. 너 그 기다리는 1분 동안 아주~ 여자는 365일 가임기야. 앞으론 꼭 피임을 하도록 해! 내가 이 말을 누구한테 들었더라."

"까부는 거 보니까 윤혜지 안 죽었다?"

"너 두 줄 나오면 전화해라. 혼자 끙끙대지 말구. 알았어?"

"끊어 오줌 마려!"

영화 〈마이 미니 블랙드레스〉의 한 장면이다. 여주인공(윤은혜 분)이 임신 테스트기를 사용하기 위해 변기에 앉아 친구와 통화하는데, 불안이나 초조는 전혀 느껴지지 않는다. 그러나 통화를 마치고 한숨을 내쉰 뒤, 한 줄만 보이자(임신 아님) 아주 지겹다는 듯이 그 테스트기를 휴지 한 통을 다 써서 둘둘 말아 쓰레기통에 처넣는다. 그러고는 주저앉아서 통곡을 한다. 임신 아님의 결과가 나왔으니 기뻐해야 할 것 같은데, 정말 서럽게 운다. 생리가 늦어지는 며칠 동안 극도의 불안과 초조에 시달리다가 안심하게 되었지만, 매달 이러고 살아야 하는 삶 자체가 서러웠던 것이다.

콘돔을 쓰고 피임약을 먹어도 여성에게 임신의 불안이 깔끔하게 사라지는 것이 아니다. 피임을 해도 불안감은 감소되지 않는다. 두 줄이 나왔다면 어떻게 되었을까? 한국처럼 책임의 제도가 전무한 상황에서 이런 임신은 십중팔구 낙태로 간다. 이것이 분명한 현실이고, 이 영화는 피임의 실상을 정확하게 반영한 몇 안 되는 예다.

미디어가 보여 주는 피임의 환상

"미쳤어! 얼마나 어렵게 터뜨린 건데, 그걸 다시 또 꼬매? 아니 사람이 발전을 해야지 퇴보를 해서 되겠니? 절대로 꼬매지 말어. 야! 꼬매려면 너네 어머니 꺼나 꼬매시라고 해. 그걸 왜 다시 꼬매. 33년 만에 심사숙고해서 어렵게 터뜨린 건데."

"야! 네가 우리 엄마한테 그렇게 말 좀 해줘!"

"넌 꼬매는 게 뭐니 표현이 그게."

"세상이 왜 이래 다른 사람도 아니고 엄마가?"

"야! 근데 대학동창 중에 진짜 그 수술하고 시집간 애 있다."

"정말?"

"의사한테 시집가면서."

"난 맨날 그 수술하라고 이메일 날라와 병원에서."

"야! 갖고 갈게 순결밖에 없는 여자애들이나 하는 게 바로 처녀막 재생수술이야! 넌 갖고 갈 게 많으니까 그거 안 해도 돼. 착하고 머리 좋아, 얼굴 예뻐, 문학적인 가슴에 철학적인 엉덩이, 뭘 더 바래?"

"맞아."

"네가 반드시 알아야 할 게 있어. 너한테 필요한 건 처녀막 재생수술이 아니라, 피임약이야."

"맞아."

"근데 너네 엄마는 너 남자 문제 요새는 야단 안 치시니?"

"엄마들한테도 적응기간이 필요하거든. 얼마 전에 가방에서 피임약이 나오는데 엄마가 '아 그래, 반드시 피임은 꼭 해라' 하시면서 한숨을 그냥 땅이 꺼지도록 쉬시는 거 있지."

"그래서 뭐랬어?"

"나한테 피임약 많은데, 엄마도 하나 줄까? 그랬지."

"못살어 정말."

　드라마 〈로맨스가 필요해〉(15세 관람가)의 여주인공 세 명의 대화다. 워낙 인기가 많아서 시즌 2, 3까지 제작되었고 청소년들도 재미있게 봤기 때문에 '성관계는 재미있는 놀이', '피임약만 먹으면 여주인공들처럼 성을 즐기면서 유쾌하게 살 수 있다.'라는 가치관이 자연스럽게 스며들어 강화될 수밖에 없다. 인기 가수가 "하필 그날 미뤄봐요", "그날을 위한 피임약 ○○○○"을 외치며 생리를 미루고 홍콩 가서 재미있게 노는 장면을 보여 주는 TV 광고도 있었다. 피임약을 사탕이나 껌 수준으로 오해하게 할 뿐 아니라, 피임약 먹고 홍콩 가

자는 황당한 의미까지 내포되어 있지만 규제나 비판이 거의 없었다. 피임 신화를 강화하는 영상과 교육은 그 예를 다 언급할 수 없을 정도로 많다.

진실 감별을 위한 노력

이중피임을 해도 여성은 한 달에 한 번씩 '임신일까? 아닐까?' 하며 극도의 괴로움을 경험하는 것이 분명한 현실인데, 이 시대의 상업

매체는 이런 실제 삶을 보여 주지 않고 환상만을 주입한다. 실재하는 현실은 파묻혀서 잘 보이지 않는 반면, 환상은 매체를 통해서 도처에 널려 있어서 잘 보이기 때문에 식별력이 없는 청소년과 청년들일수록 환상을 따라 많은 사람들이 가는 넓은 길로 들어서게 된다.

이런 혼란의 시대에는 어떻게 해야 삶의 방향을 정확히 잡을 수 있을까? 주류 매체가 아닌 곳에서 나오는 진실의 소리를 감별해 내는 능력을 키워야 한다. 그것은 방송이나 언론의 형태가 아닐 수 있다. 시행착오와 고통을 통해 깨달음을 얻은 개인일 수 있고, 주류 사회에서 주목받지는 못하지만 자신의 영역에서 소명으로 일하는 전문가일 수 있고, 모든 형태의 지식에 접근하기가 수월해진 세상에서 진리를 추구하는 나의 지성일 수 있고, 건강한 상식일 수도 있다.

가만히 생각해 보자. 피임약은 감기약처럼 몸이 아픈 며칠만 먹고 그치는 약이 아니다. 피임 효과를 원하는 상당한 기간인 수년 동안 매일 하루에 한 알씩 먹어야 하는 약이다. 부작용이 없을 수가 없다. 구글에서 '피임약 부작용', '우울증', '자살', '혈전'으로 검색하면 관련 내용이 논문을 포함해서 수없이 쏟아진다. 주류 언론은 거의 보도하지 않는 내용들이다. 영어로 검색 언어를 바꾸면 학술자료를 더 많이 찾을 수 있다. 제목과 초록만 봐도 피임약 광고와 피임약의 실체가 다르다는 사실을 알 수 있다. 영어독해가 어려우면 번역기를 이용하면 된다.

자기 힘으로 생각해야

왜 피임약이 4세대까지 변화할 수밖에 없었겠는가? 심각한 부작용 때문에 성분을 이리저리 바꿔 본 결과다. '나는 아니겠지!'라는 생각은 폭주족 청소년이 함께 오토바이를 타던 친구의 장례식에 다녀오고도 '나는 사고 안 나!'라고 착각하는 것과 같다. 내 몸에 맞는 피임약을 찾아서 이 약 저 약 먹으면서 약 갈아타기를 할 것이 아니라, 피임약을 강권하는 남자친구를 갈아타는 것이 현명한 선택이다. 이 약은 필요에 의해 단기간 사용할 수는 있지만, 일용할 양식이 돼서는 절대 안 되고, 여중생, 여고생 때부터 먹을 약은 결코 아닌 것이다. 진실을 알겠다는 노력과 스스로 생각하겠다는 태도만 있어도 최소한 속지는 않을 수 있다.

그런데 이러한 고민과 성찰의 과정 없이 주류 매체에 노출되면, '성관계는 재미있는 놀이니 자유롭게 해도 되고, 콘돔, 피임약으로 임신만 안 하면 행복하게 살 수 있다.'는 생각에 감염되고, 한국의 상황에서 피임에 실패하면 낙태로 직행하게 된다. 이런 왜곡된 가치가 사람을 지배하고 통제하는 현상을 프란치스코 교황은 '이데올로기적 식민지화(ideological colonization), 문화적 식민지화(cultural colonization)'라고 했다. 왜곡된 교육이나 선전활동을 통해서 한 사람의 생각이 악으로 점령되어서 그 사람이 악에 복종하며 살게 되는 상태를 뜻한다. "기만하는 것은 모두 매혹적이다." 플라톤의 말이다. 내가 주체적으로 선택했다고 착각하게 만드는 그들의 전략에 말려들지 않으려면 스스로 생각하는 힘을 키워야 한다.

사랑! 피임의 문이 아니라 책임의 문으로

쾌락의 관계 과연 사랑일까?

사귄 지 3년이 넘은 여친이 있습니다. 문제는 여친이 걱정이 너무 많다는 겁니다. 여친은 항상 완벽한 피임법은 없다며 이중피임을 원합니다. 피임약을 먹고 있을 때도 가임기에는 콘돔을 끼라고 했습니다. 부작용으로 약을 중단한 후에는 비가임기에도 콘돔 없이 관계하는 것은 절대 안되고, 가임기에는 콘돔 끼고도 질외사정을 하라고 요구합니다.

혹시라도 실수한 달에는 하루 종일 걱정하면서 스트레스를 받아 하니 저도 같이 스트레스를 받습니다. 임신증상을 검색하고 생리하기 전까지 임신테스트기를 매일 하면서 걱정해서 저까지 임신초기 증상을 달달 외울 정도입니다. 가뜩이나 콘돔 때문에 성감이 떨어지는데 콘돔을 끼고도 질외사정을 하라니 만족도가 많이 떨어져서 여친이 수술을 받겠다고 했는데, 결혼을 안 해서 수술은 안 되고, 삽입장치는 부작용 때문에 했다가 다시 제거했습니다.

앞으로도 계속 이렇게 관계를 이어나가야 되는데 이렇게까지 심하게 하지 않아도 되는데, 왜 이렇게 걱정하는지 모르겠습니다. 걱정되는 것은 알지만 제 입장을 생각해 주지 않고, 너무 본인 의견만 내세우는 것 같습니다. 아무리 말해도 설득이 안 되고 이거만 빼면 완벽한 여친인데 참 답답합니다.

익명으로 운영되는 ○○대학교 대나무숲의 글이다. 여학생은 피임약 부작용을 크게 겪은 후, 불임수술을 요청할 정도로 임신 공포에 짓눌리며 살고 있다. 피임용 약물저장장치를 자궁에 시술했지만 이마저도 부작용 때문에 제거했다. 이 장치의 약효가 지속되는 5년 동안은 여자가 생리를 하지 않기 때문에 편리하다고 생각할 수 있지만, 이 여대생처럼 심각한 부작용을 경험하거나 제거 후 이전의 생리패턴을 회복하는 데 어려움을 겪거나 난임으로 이어지는 경우가 있다. 문명이 제공하는 편리함에는 그 대가가 반드시 따르는 것이다.

남학생은 자신의 성적 쾌감만을 최우선으로 생각한다. 여친에 대한 배려나 존중, 동반자로서 아껴 주는 마음이 전혀 없다. 여친을 내 욕망의 충족을 위한 도구로 사용하려 하기 때문에 이 관계에는 쾌락은 있지만 사랑은 없다. 남친은 여친이 피임약이나 삽입장치의 효과를 믿고, 콘돔 없는 성관계를 허락해 줘야 하는데, 그렇지 않으니 답답하다고 하소연을 한다. 자기중심성에 완전히 갇혀서 책임질 마음은 전혀 없으면서 여친에게 피임을 강요하는 남성의 존재 자체가 책임 교육이 부재한 이 시대를 웅변적으로 보여 준다. 명문대 남녀 학생이 자신의 성행동이 가져올 결과에 책임을 지겠다는 마음이 전혀 없고, 여자는 피임에만 집착하고 남자는 쾌락에만 집착하는 행태는 대한민국의 암울한 미래이기도 하다.

되풀이되는 고통을 통한 깨달음

어릴 적부터 내 소원은 빨리 어른이 되는 것이었다. '빨리 어른이 되어서 내가 생각했던 옳은 것들을 해 나가야지.' 내 마음은 이 생각으로 가득했었다. 아마 초중고와 대학에서 학생으로 살아가며 느꼈던 많은 불만들을 벗어 버리고, 내 맘대로 살고 싶었던 것이다.

어린 나이에 노출되었던 음란물은 내 삶의 무엇인가를 채워 주는 듯했으나, 사실 나의 외로움을 더욱 가중시켰다. 특히 영화가 문제였다. 작품성 있다고 말하는 영화들을 보며, 나는 그 영화의 메시지를 숭배하고 따라갔으며, 그 안에 녹아 있는 삶을 쿨한 삶이라 생각했다. 당연히 주인공이 보여 주는 삶이 내 삶의 틀로 자리를 잡았다. 결혼 전 남녀 간의 성관계를 아름답고 멋지게 비추는 장면들이 이미 어릴 적 내 삶에 들어와서 자리를 잡아 버린 것이다. 그것은 진짜가 아니었음에도 불구하고, 나는 그 멋져 보이는 거짓을 삶의 탈출구로 선택했던 것이다.

대학생 때는 성관계를 통해 내가 생각했던 쿨함을 추구했지만, 마음속 깊게 나는 이미 생명을 거부하고 있었고, 그 마음이 나의 존재도 불안하게 했다. 아직도 기억난다. 남친에게 임신 테스트기를 사와 달라고, 생리 기간이 늦어지니 불안하다고, 한 개는 틀릴 수도 있으니 세 개 사오라며, 3번의 검사 끝에 음성 반응이 나왔지만 나는 그래도 불안해서 내 배를 때리며 '절대 안 돼!' 하며 밤에 베개를 적시며 수많은 시간을 보내 왔었다.

나는 생명을 거부했었고, 이미 마음엔 살의가 있었다. 그 행동이 배를 때리며 "절대 안 돼!"라는 것으로 이어졌다. 힘들었다. 이런 삶을 지속하는 것이 어렵고, 부모님께 계속 거짓을 말하고, 친구들에게 이 모든 상황들을 숨기며 살면서, 여전히 내 스스로를 영화 속 여주인공들처럼 멋진 여자라고 포장하는 것이 힘들었다. 이후 첫 남친과의 잘못된 사랑의 관계는 네 번째 남친까지 이어졌고, 이 거짓된 쿨함을 이어가는 것이 아무 의미가 없는 것임을 나도 모르게 알아차리게 되었다.

'내가 생각했던 옳은 것들'이란 대체로 이 시대의 매체가 이미지의 형태로 주입해 준 생각들로, '연애하면 성관계는 자유롭게 하고 피임법으로 임신만 안 하면 행복하게 살 수 있다.'라는 환상이다. 영화나 드라마의 주인공들은 성관계를 자유롭게 해도 임신으로 인한 고통을 겪지 않고 늘 행복하게 살아가는데, 그 이미지가 무의식에 자리를 잡으면 모방 행동을 하게 될 가능성이 매우 높아진다.

그런데 문제는 성관계 이후다. 영화에서 보여 주지 않았던 임신과 책임이라는 실제가 내 삶에 펼쳐지기 때문이다. 이 여학생은 성관계를 지속하는 내내 '살의(殺意)'를 가지고 살았다고 고백했다. '임신이 확인되면 낙태를 하겠다.'라는 생각이 이 여학생을 지옥으로 밀어넣은 것인데, 이런 결과가 나온 이유는 여학생과 남친이 피임의 문으로 들어가서 쾌락만을 얻으려고 했기 때문이다.

사랑은 신뢰와 책임의 바탕에서

피임의 세계에서는 남자가 여성과 생명을 책임지겠다는 마음을 가

지지 않기 때문에 여성을 인격체로 존중하지 않고, 욕망의 도구로 사용하게 된다. 이런 관계에서는 상호간의 신뢰가 생기지 않기 때문에 성관계가 반복될수록 여성은 상처만 깊어지고 배신감이 커진다. 결국 남녀는 헤어지게 된다. 진정한 사랑은 책임의 문으로 들어가서 상호신뢰를 키울 때만 가능하다는 사실을 성 요한 바오로 2세는 다음과 같이 말씀하셨다.

> "나를 향한 상대방의 유일한 목적이 쾌락이라는 사실을 알거나 느끼면서도 상대방을 신뢰한다는 것은 불가능하다. 자기 자신이 다른 인격에서 쾌락을 주된 목적으로 삼을 때도 상대방을 신뢰한다는 것은 불가능하다. 남녀는 서로에게 자연적인 성적 쾌락을 줄 수 있고, 다양한 기쁨의 원천이 될 수 있다. 그러나 단순한 쾌락은-아리스토텔레스가 정확히 통찰한 것처럼-사람들을 오랫동안 묶어 주고 일치시켜 주는 선이 아니다. 남녀의 상호적 사랑이 쾌락이나 자기 관심에만 의존하고 있다면 그들은 오로지 서로가 쾌락이나 이득의 원천이 되는 동안만 결합해 있을 것이다. 오로지 욕구나 소비자의 태도만이 존재할 때에는 진정한 상호성이 존재할 수 없다."(『사랑과 책임』 123~124쪽)

피임 마인드! 선으로 포장된 악

피임 교육과 그 환상들

"난자와 정자가 만나는 수정에 대한 비디오를 다시 볼 필요가 있을까?"

"아니요."

"이미 많은 10대 청소년들이 성에 노출되어 있지만, 피임 교육은 현실을 따라가지 못하고 있어요. 그래서 오늘은 정신교육이 아닌 현실적인 피임 교육을 할 예정이에요. 순결교육은 나 말고도 해 줄 사람이 많을 테니까."

"오~"

"피임! 잘해야 되겠지요? 기다렸다 갖는 아기는 축복이겠지만 원치 않는 임신을 할 경우에는 심한 고민과 자괴감, 그리고 인생을 한 방에 날려 버릴 수가 있거든. 쉽고 간편하고 권할 만한 피임 방법에는 두 가지가 있어요. 콘돔과 피임약. 콘돔을 정확하게 사용할 경우에는 98% 이상의 성공률이 있지만 일반적으로는 85%밖에 되지 않아요. 그만큼 정확히 쓸 줄 아는 사람들이 드물다는 거지. 그러니까 이번 기회에 확실하게 숙지하도록!"

"여학생들을 위한 피임 방법이야. 피임약은 생리 시작 첫날부터 하루에 한 알씩 복용하면 성공률이 99% 이상이거든. 왜 창피해? 사실 원치 않는 임신을 했을 경우, 가장 힘든 당사자는 우리 여학생들이잖아? 그러니까 남자친구들에게만 피임을 맡기지 말고, 적극적으로 자신을 보호할 필요가 있어. 더치페이가 뭐죠?"

"자기가 먹은 떡볶이 값은 자기가 지불하는 거죠?"

"그렇지! 피임에도 이 룰이 적용돼요. 네덜란드 청소년들은 더블더치라고 해서 남학생들은 콘돔, 여자는 피임약으로 각각 알아서 피임하도록 교육받고 있어요."

드라마 〈산부인과〉(2010년, SBS)의 주인공인 산부인과 전문의 서혜영(장서희 분)이 학교로 찾아가서 하는 성교육 장면이다. 청소년들이 이런 피임 교육을 받으면 두 가지 환상이 생긴다. 첫째는 '콘돔·피임약만 사용하면 모든 문제가 완벽하게 해결된다.'이고, 둘째는 '선진국의 청소년들은 피임을 믿고 자유롭게 성관계를 하고 있다.'는 환상이다. 둘 다 거짓말이다. 피임의 이론적 성공률이 실제화되기 어렵고, 북미나 유럽의 선진국에는 양육비 책임법이 책임의 성교육을 청소년들에게 철저히 시키고 있어서 그 나라의 피임 교육은 전체적인 성교육으로 보면 극히 일부에 불과하기 때문이다. 그러나 한국 청소년들은 성에 내재된 책임을 가르칠 수 있는 법과 교육이 전무한 상황에서 이런 피임 교육에만 압도적으로 노출되기 때문에 피임이라는 환상을 진짜라고 믿기 쉽다.

피임 마인드! 낙태로 가는 지름길

"감기 기운도 있고 헛구역질도 나. 입덧하나 봐. 나 임신했어." 청소년들에게 이중피임하라고 피임 성공률이 매우 높다고 당당하게 강의했던 서혜영이 자신의 남자에게 하는 말이다. 피임 전문가도 피임에 실패하는 것이다.

서혜영은 "피임했는데, 왜 생겼는지, 내 애가 맞는지 안 물어봐?"라고 묻고, 남자는 "100%가 어딨어? 생길 만하니까 생겼겠지!"라고 응수한다. "100%가 어딨어?" 이 말이 피임의 진실이다. 피임에 실패한 이 남녀는 어떤 선택을 할까? "몇 주야?"라는 질문에 6주라는 답을 들은 남자는 "뭐 아직."이라고 대답을 한다.

> "힘들겠지? 낳는 거?"
> "낳고 싶어?"
> "낳고 싶으면 낳아도 돼?"
> "파견 끝나면 자리 만들어질 텐데, 배불러 어떡하려구? 결혼도 안 한 여자
> 가 배불러 다니면 학교에서 받아줄 것 같애? 내가 아무리 밀어도 안 돼."
> "내가 궁금한 건 상황이 아니라, 자기 생각이야."
> "솔직하길 원해?"
> "응."
> (침묵)
> "그렇군."

"난 아무 대답도 안 했어."

"침묵 이상 더 확실한 대답이 어딨어?"

"언제 시간 내면 돼? 같이 가 줄게."

"신경 쓰지 말아요. 내가 알아서 할 테니까."

"역시 이제야 서혜영이답군! 역시 당신은…"

이들은 낙태를 선택했다. 남자는 당연하다는 듯, 여자는 어쩔 수 없이 그 죽임의 길로 들어선 것이다. 피임이 표면적으로는 낙태를 예방해 주는 것 같지만, 그 심층을 들여다보면, '성관계는 하면서 임신은 절대 안 된다.'라는 피임 마인드가 오히려 낙태로 가는 지름길을 열어놓았다. 이 드라마는 피임의 실세계를 명확히 보여 준다. 피임과 낙태는 '임신은 절대 불가'라는 생각을 공유하는 친구인 셈이다. 성 요한 바오로 2세는 이런 피임과 낙태의 직결 현상을 정확하게 지적한다.

> "피임에 대한 교회의 가르침을 거부하는 곳에서 낙태조장문화가 특히 위세를 떨칩니다. 피임과 낙태가 그 본질과 도덕적인 중요성에서 차이가 있기는 하지만, 그 둘은 흔히 밀접하게 연결되어 있으며, 같은 나무의 열매인 것입니다."(『생명의 복음』 13항)

피임 교육을 해 온 여성단체들의 대다수가 낙태죄 폐지 주장을 하는 현상을 보면 피임과 낙태의 직결성을 여실히 확인할 수 있다. "이 세상에 완벽한 피임법은 없습니다. 안전하게 임신중단할 수 있어야 합니다." 이들의 낙태합법화 광고 문구다. 지하철 광고판의 "지나간 시간은 되돌릴 수 없지만 원치 않았던 임신은 되돌릴 수 있어."의 하단에 작은 글씨로 써 있어서 유심히 봐야만 읽을 수 있다.

성교육을 할 때는 "안전한 섹스, 안전한 피임"을 외치던 이들이 낙태 합법화를 주장할 때는 "완벽한 피임법은 없다."라고 말을 바꾼다. 그리고 "안전한 낙태"를 다시 외친다. 책임이 전제되지 않는 상황에서 '안전한 섹스'란 존재할 수 없고, 완벽한 피임법이 존재할 수 없기 때문에 '안전한 피임'도 개념 자체가 성립할 수 없다. '안전한 낙태?' 의사가 개복을 해서 그 부위를 눈으로 명확히 보면서 수술을 해도 수술에는 엄청난 부작용과 위험이 따르는데, 자궁 안으로 수술 기구를 넣어서 의사의 감으로 하는 수술이 과연 안전할 수 있을까? 그러니까 낙태약이 수술보다 안전하다고 선전하지만 낙태약을 복용한 여성이 사망한 경우가 북미에서 적지 않게 보고되고 있다. 애초에 책임으로 해결해야 할 문제를 피임으로 해결할 수 있다고 선전하고, 피임에 실패하는 경우가 많아지자 낙태를 합법화하라고 요구하는 것이다. 이들은 여성과 생명을 모두 살리는 양육비 책임법에는 놀라울 정도로 무관심하다.

악은 악의 길로만 갈 뿐

그런데 우리가 피임과 낙태를 반대 개념으로 오해한 이유는 무엇일까? 피임 산업이 피임을 낙태예방과 생명수호의 선으로 포장하여 꾸준히 선전활동과 교육활동을 병행해 왔기 때문이다. 가만히 생각해 보자. '성관계는 자유롭게 하면서 임신만 안 하면 된다.'라는 피임 마인드는 그 자체가 악이기 때문에 결코 선한 쪽으로 사람을 인도할 수 없다.

그리고 더 중요한 것은 용어에 대한 정확한 이해와 그 함의를 명확히 파악하는 일이다. 피임이라고 번역해서 사용하는 원용어가 'contra-ception'라는 사실을 정확히 알아야만 한다. 이 용어를 피임(避妊)으로 번역하면 '임신을 피한다'의 뜻 정도로 이해되지만, 원용어의 의미는 반임(反妊), 즉 임신을 반대한다는 상당히 적극적이고 공격적인 개념이다. 따라서 임신이라는 자연법을 적극적으로 반대하는 반임은 필연적으로 낙태로 이어질 수밖에 없다. 그래서 콘돔, 피임약, 피임시술 등이 종국적으로 가장 연약한 인간 생명을 심각하게 위협하고 공격할 수밖에 없는 것이다. 피임이라는 우리말 번역 용어는 말 그대로 임신을 피한다는 뜻이고, 그 정확한 뜻은 성관계를 피하는 것인데 반임(contra-ception)이 잘못 번역되었기 때문에 원용어에 내재된 생명에 대한 공격성과 낙태와의 긴밀한 연관성이 우리말로는 잘 드러나지 않았던 것이다. 그래서 겉으로는 생명수호인 것처럼 보이지만, 그 밑바탕을 보면 전혀 그 반대의 결과를 만들어 내는 반임의 실체를 정확하게 이해해야만 한다.

그렇지만 거대기업인 피임 산업, 더 정확히 말하면 반임 산업은 신문과 방송을 동원해서 천사의 옷을 입는다. "P대표는 미혼모를 위한 대책 차원에서 이 사업을 시작했다고 한다. 그는 '늘어나는 10대 어린 미혼모들을 보면서 이에 대한 근원적인 대책은 콘돔과 피임약 사용의 보편화이며, 청소년들도 콘돔을 구입하는 것에 부끄럽지 않은 사회분위기 조성을 위해 ○○○○ 브랜드 론칭을 통한 재능기부

경제활동을 생각하게 됐다.'고 밝혔다." 재벌 2세의 피임 산업 진출에 대한 언론 보도다. 양육비 책임법과 책임의 성교육이 전무한 상황에서 이런 보도는 피임이 유일하고 완벽한 성교육이라는 환상만을 강화하여 낙태 수요를 천문학적으로 늘릴 뿐인데, 이런 본질을 지적하면 시대착오로 매도당한다. 피임(반임) 위주의 성교육 단체, 피임(반임) 산업, 낙태 합법화 추진 세력들 사이에는 엄청난 공모가 있을 것으로 추정된다. 이런 주객전도의 상황을 바오로 6세 교황은 반세기 전에 정확히 지적했다.

> "모든 사람이 피임(contra-ception)에 관한 교회의 가르침을 쉽게 받아들이지 않으리라는 것은 예측할 수 있는 일이다. 교회의 가르침에 반대되는 여론이 너무 많고, 또 그것이 홍보수단을 통해서 매우 널리 전파되었기 때문이다. 그러나 교회가 하느님이신 창립자와 마찬가지로 '반대받는 표적'이 되었다고 해서 조금도 이상할 것이 없다. 교회는 실제로 부당한 것을 절대로 타당하다고 선언할 수 없다. 그것은 인간의 진정한 선에 배치되기 때문이다."(『인간 생명』 18항)

'콘돔·피임약으로 임신을 반대할 수 있다.'라는 생각으로 반임(contra-ception)의 시대가 열린 지 반세기가 지난 지금, 자유 성관계와 자유 낙태의 시대가 열렸다. 이런 미래를 예측한 바오로 6세 교황이 2018년 10월에 '태어나지 않은 아기들의 수호성인'으로 시성되었다. 성인의 통찰을 되새기며 피임이라고 포장된 임신 반대가 아니라 책임이 해결책이라는 진리를 용기 있게 선포해야 한다.

왜곡된 성적 욕망이 불러들이는 죄와 죽음

피임과 남성의 이기심

여친과는 보통 주에 2~3회 정도 관계를 하는데요, 몇 주 전에 어쩌다가 급해서 노콘으로(콘돔 없이) 하게 되었어요. 아직까지 노콘으로 했을 때의 느낌이 잊혀지지가 않아요. 솔직히 고무막이 사이를 가로막으면 쾌감이 반감되는 건 맞잖아요. 처음으로 살과 살을 진짜 맞대보니까 너무 좋더라구요. 그래서 여친한테 경구피임약을 조르고 있는데, 완강히 싫다고 하네요. 저는 이제 노콘으로 해야 제대로 느낄 수 있고, 어떻게 해야 할지 모르겠어요. 가끔씩 질외사정으로라도 하자 해도 안 된다고 하고, 어떻게 해야 여친을 설득할 수 있죠? 여친을 위해 아직 콘돔은 착용하고 있지만, 솔직히 이대로면 못 참을 것 같네요. 만약에 여자친구가 임신하면 전 무조건 여자친구 편입니다.

익명으로 운영되는 명문대 페이스북에서 수없이 공유된 글이다. 이 남학생은 여친을 정말로 존중하고 아끼고 사랑하는 것일까? 자기 쾌락을 위해서 여친에게 피임약을 강요하는 이 남성은 여친을 존중하지도 아끼지도 사랑하지도 않는다. 임신을 하면 무조건 여친 편이 되겠다고 말은 하는데, 이것이 과연 진심이고 그 상황이 되면 정말로 여친을 위하는 선택을 할까? '무조건 여자친구 편입니다.'라는 말은 여친을 물건 취급하는 자신에 대한 비난이 온라인상에서 일어날까 두려워서 덧붙인 사족(蛇足)이다. 무의식 깊은 곳에서는 여친을 내 성적 욕망을 충족시키는 물건으로 여기고 있기 때문에 임신을

맞닥뜨리면 책임을 회피하고 도망칠 가능성이 매우 높다. 물건(=여친)은 용도 폐기되면 버려도 되기 때문이다.

피임과 여성의 고통

여친은 명문대 남친과의 연애를 이어가기 위해 성관계를 허용해주는 상황이어서 임신의 공포와 '요구를 들어주지 않으면 남친이 떠나지 않을까?' 하는 불안감 때문에 매우 고통스러울 것이다. 이건 서로의 집착(남성은 쾌락, 여성은 명문대 남친)을 만족시키는 관계일 뿐, 사랑이라고 하기 어려운데, 이 상황에서 피임약 강요가 지속되면 여성은 결국 피임약을 먹게 된다. 현실은 분명 '울며 겨자 먹기'의 강요인데 광고에서는 젊은 여성이 기쁨 가득한 얼굴로 "이루고 싶은 꿈이 셀 수 없이 많으니까, 나는 피임약을 먹습니다. 나를 위해 머시론"이라고 말한다.

2017년에는 애비 파크스(Abbey Parkes, 20)라는 젊은 여성이 14살부터 피임약을 6년 동안 복용하다가 혈전이 생겨서 심정지로 사망한 사례가 있었다. 엄청난 부작용이 분명히 존재함에도 불구하고 이러한 사실을 환상으로 대체한 광고가 여성의 고통이라는 진실을 은폐해 버리는 것이다.

완벽한 피임은 존재할 수 없고, 20대 남녀가 주 2~3회씩 하는 왕성한 성관계는 임신으로 이어질 가능성이 매우 높다. 그런데 이 둘은 신뢰와 책임으로 결합된 사랑의 관계가 아니기 때문에 임신이 확인되면, '버려진 여자와 새 생명' 그리고 '도망간 남자'로 정확하게 분리된다. 성관계가 둘을 합일시켜 준 것 같지만 그건 욕망의 결합이 었을 뿐 진정한 사랑의 결속이 아니기 때문에 책임의 문제를 만나면 폭격을 당한 듯 파열된다. 여자와 새 생명은 심각한 고통 속으로 빠져든다. 광고가 보여 주는 이미지와 실제 현실은 다르다. 피임약을 복용하면서 광고 속의 여성처럼 낭만적이며 행복하고 주체적이고 당당한 삶을 사는 여성은 극히 드물다.

버려진 여자의 고통

"아기 아빠 바꿔 주세요."

"왜 바꿔?"

"같이 책임을 져야 할 거 아니에요."

"얘! 얘! 너 정말 웃기는 아이고, 너 진짜 무서운 아이구나! 무슨 책임을 지니? 내 아들 아기 맞아? 너 어떻게 책임져 주길 원해? 돈 달라고? 어? 돈 달라는 얘기야? 너 인간 맞어? 너 아기를 담보로 너 지금 거래하자는 거야?"

"거래가 아니라 책임을 같이 져야죠!"

"무슨 책임을 져? 손뼉도 마주쳐야 되는데, 내 아들이 너 아기 가지라고 너한테 원했니? 내 아들이 아기 낳아 달라고 너한테 빌었어? 말해 봐. 너 원해서 임신했잖아 네가, 원해서 임신했지 남자가 임신시킨다고 임신이 되니? 법대로 해 봐. 누가 이기나 보게! 앞으로 한 번만 더 전화해 봐. 이년!"

임신 8개월의 여성이 떠나간 남친에게 전화를 했는데 그 어머니가 가로챘고, 이 불쌍한 여인은 흐느끼면서 이 모든 배척과 거절의 소리를 들어야만 했다. 통화를 마친 후 이 여성은 자신의 어머니에게 또 한 번 내침을 당한다.

"끊었냐? 저 하는 소리 좀 봐. 울긴 왜 울어? 말도 못 하고 우냐? 당하기만 하고 자빠졌어 그냥! 그러고도 애를 키우고 싶다고? 어디 미안한 마음 하나나 있냐? 애 키우려면 나가. 집에 들어오지 마. 너 안 볼 거야. 너 혼자 가서 길거리에서 키우든지 그 집 가서 키우든지 마음대로 해"(SBS 〈당신이 궁금한 이야기 큐브〉 '미혼모 아기 아빠는 어디에?')

이 여성은 한자리에서 남친, 시어머니, 친정어머니에게서 삼중의 내침을 당했고, 배 속의 아이도 동시에 아빠, 친할머니, 외할머니에게서 삼중의 거절을 당했다. 이는 성관계가 포함된 연애를 하는 한국 여성들의 상당수가 임신했을 때 실제로 체험하고 있는 현실이다. 이런 내침의 악은 임신하고 버려진 여성에서만 그치는 것이 아니라, 세대를 거쳐서 증식한다.

세대를 통해 이어지는 악

그 첫째가 남친과 세상으로부터 내침받은 엄마가 태중의 생명을 내치는 낙태다. 원치 않는 생명이라 해서 죽임을 당해야 하는 것이 아님에도 불구하고, 아무 죄 없는 생명이 배 속에서 목숨을 빼앗긴다. 생일도 없이 죽는 날만 있고, 죽어서도 엄마의 사랑을 갈구하지만 누구도 기억해 주지 않는 불쌍한 영혼이 생기는 것, 이것이 세상에서 가장 슬프고 원통한 악인 낙태다. 둘째는 엄마가 임신 중에 당한 극심한 고통을 엄마와 한 몸으로 체험한 아기가 그 내침의 상처를 무의식과 영혼에 깊게 간직한 채로 삶을 시작하는 악의 세대 간 전달이다.

이런 태중 상처를 가진 사람은 항상 우울감과 불안감에 시달리며 어린 시절에는 왕따, 그 이후에는 좋아하는 사람이나 공동체로부터 거절당하는 체험을 반복하는 경우가 많다. 무의식 깊게 각인된 내쳐짐의 상처가 나를 계속 내침받게 하고 또 내가 다른 사람을 내치게끔 끌고 간다. 딸이라면 어머니처럼 남자에게 버림받고 낙태와 미혼모의 삶을 반복하고, 아들이라면 아버지처럼 책임져야 할 여성과 생명을 버리는 삶을 살 가능성이 매우 높다. 그런데 정작 본인은 내가 왜 이런 상황에 휘말려 들어가는지 인식하기 어렵기 때문에 치유와 회복의 길을 가기가 쉽지 않다.

이런 모든 현상은 "욕망은 잉태하여 죄를 낳고, 죄가 다 자라면 죽음을 낳습니다."(야고보서 1:15)로 집약될 수 있다. '성관계는 자유롭게 하고 임신만 안 하면 된다.'라는 욕망이 무책임한 성관계라는 죄를 낳았고, 그 죄는 낙태와 다음 세대의 고통이라는 죽음을 낳은 것이다. 이 시대가 이런 죄와 악을 권리라고 속이고 있음을 영적 차원에서 깊이 인식할 수 있다면, 우리는 돌이킴으로써 이 죄와 악에서 벗어날 수 있고 그래야만 한다.

생명은 자기 길을 간다

통제될 수 없는 생명과 대자연

"새끼들은 처음 본 생물들을 기억한답니다. 그래서 날 쉽게 믿죠. 난 이 섬의 모든 생물들이 태어나는 걸 지켜봤소."

"야생에서 부화한 놈은 빼고겠죠?"

"수의 통제도 중요한 보안책이라 야생에서 태어나는 건 불가능해요. 쥬라기 공원에서는 야생에서 번식한 새끼는 한 마리도 없습니다."

"그걸 어떻게 알죠?"

"우리 공원에는 암컷만 있거든요. 인위적으로 조절했죠."

"하지만 모두 암컷인지 치마라도 들춰 보셨나요?"

"염색체를 조절하면 간단합니다. 모든 척추동물 태아는 본질적으로 암컷이지만 적정 성장단계에서 호르몬이 주입되어 수컷이 됩니다. 우린 그걸 봉쇄한 것뿐입니다."

"봉쇄해요?"

"그런 종류의 통제는 불가능합니다. 진화가 우리에게 가르쳐 준 교훈이 있다면 생명이란 가둘 수 없는 것이며 끊임없이 자유를 갈구한다는 겁니다. 고통스럽고 위험한 장애라도 뛰어넘죠. 그런데 말리기엔 너무 늦었군요!"

"암컷만 있는 동물무리도 번식할 거란 말씀인가요?"

"아니오. 다만 생명이 번식 방법을 찾을 거란 말입니다.(Life finds a way)"

영화 〈쥬라기 공원〉에서 육식 공룡의 실험실 부화를 보면서 등장인물들이 나누는 대화다. 억만장자 사업가와 엔지니어는 생명을 기술적으로 통제할 수 있다고 믿고 고수익 상품을 만들었다. 그러나 수학자는 생각지 못한 변수가 있기 때문에 생명 통제는 불가능하다는 주장을 하지만 가볍게 무시당한다. 이후 영화는 인간의 오만이 엄청난 악을 불러들인다는 만고불변의 진리를 극적으로 보여 준다. 이 영화의 밑바닥에는 기술만능의 시대를 사는 인간에게 절대적으로 필요한 덕이 자연과 생명에 대한 경외와 겸손인데, 우리가 그것을 완전히 상실했다는 반성적 메시지가 깊게 깔려 있다.

인간은 자연과 생명을 내 뜻대로 통제할 수 있다고 착각하고 돈과 쾌락에 이끌려 자신이 옳다고 믿는 행동을 한 후 큰 해를 입는다. 영화는 생명 공학의 문제를 보여 주지만, 일상에서는 핵 산업이 그 극명한 예다. 정부가 핵 발전을 녹색 산업으로 부르며 지원했던 시절이 있었다. 수만 년 동안 안전하게 보관해야 하는 치명적 핵폐기물이 나오고, 사고 위험성이 관리되기 어려운 핵발전을 CO_2가 발생하지 않는다는 이유만으로 친환경이라 할 수 없다. 그러나 신문방송이

'안전한 핵발전'이라는 신화를 퍼뜨렸기 때문에 시민 사회가 그 실체를 파악하는 데 많은 시간이 걸렸다.

피임으로 통제되지 않는 인간 생명

피임 산업도 매체를 활용하여 '안전한 피임'을 외친다. '콘돔·피임약을 사용하면 안전하게 임신을 피할 수 있다.'라는 프로파간다도 사람의 뜻대로 자연과 생명을 통제할 수 있다는 욕망에 기울어진 환상이고, 이미 피임 실패와 여성 착취라는 심각한 문제가 드러났다. 그러나 우리는 그 실상을 인식하지 못하고, 피임이 성교육의 대안이라는 잘못된 생각에 여전히 붙들려 있다.

> "누구도 알려 주지 않았던 언니들의 성교육! 20대 초반 여성을 위한 실전페미 성교육. 어떻게 하면 즐거운 섹스를 할 수 있을까? 자위를 하는 나는 이상한 여자일까? 나의 질, 클리토리스는 어떻게 생겼을까? 진짜 알아야 할 피임법. 젊은 여성에게 금지된 것들에 대하여. 섹스 오르가즘 클리토리스 자위, 파트너만을 위한 섹스, 나를 위한 섹스는 어디에? 다양한 피임도구 알아보기. 콘돔 끼워 보기"

한 페미니스트 단체가 ○○여대 17학번 신입생들에게 나눠 준 성교육 안내문이다. 대학에 가면 성관계는 당연히 해야 하는 일로 전제한 후, 피임과 자위를 강조한다. 이런 성교육은 낙태 합법화를 필연적으로 요구하는데, 놀이화된 성관계에는 책임과 신뢰가 뿌리를 내릴 수 없고 완벽한 피임이 존재할 수 없어서 임신이 확인되면, 히트 앤드 런(hit and run) 상황이 만들어질 수밖에 없기 때문이다. 한국의 한 해 낙태 100만 건의 상당수가 이 경우다. 이는 애초에 책임으로 해결할 문제지 낙태 사유가 아니다.

아일랜드는 임산부가 중병 상태였지만 초음파에 태아의 심장 박동이 잡혔기 때문에 의료진이 낙태를 해 주지 않을 만큼 법이 엄격해서 임신 초기 낙태허용 논란이 국민투표까지 이어졌고, 폴란드는 강간의 경우에도 낙태가 불가했기 때문에 낙태허용 여론이 일어났던 것이다. 유럽의 선진국에서는 법이 여성과 아기를 보호하며 남성에게 책임을 묻기 때문에 히트 앤드 런이 낙태 사유가 되지 않는다. 유럽과 한국은 낙태허용을 요구하는 사회적 기저가 완전히 다른데도, 어느 언론도 심지어 여성가족부도 이 중대한 사실을 부각시켜 쟁점화하지 않고 낙태허용 여론만 증폭시켰고 결국에는 헌법재판소의 낙태죄 헌법 불합치 선고를 끌어냈다.

젊은이들에게 진정 필요한 성교육은?

아래는 페미니스트 단체가 대학 입학식에서 하는 성교육 선전활동을 목격한 아빠가 필자에게 보낸 글이다.

신입생들이 입학식장으로 들어오자 요란한 복장을 한 재학생들이 생기발랄한 퍼포먼스와 함께 리플릿을 나눠 주기 시작했다. 학부모들은 받아 볼 수 없었지만 바닥에 떨어진 한 장을 주워서 호기심에 한 번 읽어 봤다가 그만 좌절하고 말았다. 말로만 듣던 쎈 언니들의 실상을 보는 듯했다. 사실상 성교육이란 용어조차 생소했던 시절인 1980년대에 대학에 다닌 아버지로서 내가 느낀 당혹감이란 이런 것이었다.

첫째, 지금은 성교육의 홍수 시대다. 정보가 많다고 좋은 것은 아니다. 그 중엔 좋지 않은 정보도 섞여있기 때문에 그걸 가려낼 분별력도 함께 요구된다. 둘째, 어찌 성교육의 주내용이 피임법과 성해방뿐이겠는가? 원치 않는 임신은 예방이 최선이겠지만, 그 이전에 생명과 책임 그리고 순결의 가치를 먼저 가르치는 참성교육도 찾아보면 있지 않겠는가? 더군다나 그 대상이 신입사원도 아니고 대학 새내기들이라면… 셋째, Train-the-Trainer. 자칭 성교육 강사라는 사람들을 가르칠 만한 강사가 더 늘었으면 좋겠다. 그들이 먼저 제대로 교육받고 성에 대한 올바른 가치관을 가지고 있어야만 멘토 역할을 할 수 있지 않을까? 마지막으로 성교육에 헌신하시는 수많은 선생님들의 노고에 진심으로 감사드리며, 이 짧은 글이 누군가에겐 반성의 계기가 되고 누군가에겐 위로가 되길 바란다.(2017년에 3월 사랑하는 딸을 ○○여대 신입생으로 입학시킨 50대 아빠)

선배가 신입생에게 사회과학 책을 읽혀서 학생운동의 일원으로 준비시켰던 1980년대에 대학을 다녔던 아빠의 눈에 들어온 2010년대 대학은 선배가 신입생에게 섹스와 피임을 권하면서 낙태합법화 운동의 일원으로 포섭하는 장소였다. 이 아빠는 이 광경에 격세지감이 아니라 충격을 느꼈던 것이다. 새내기 여학생들에게 이런 성교육을 시행한 단체도 낙태 합법화의 전면에 섰고, 2018년 6월에는 서울의 도심에서 상의탈의 시위를 벌이기도 했다. 이렇게 낙태로 직결되는 행위를 권하고 또 낙태를 지지하게 하는 교육을 하는 단체들이 청소년과 대학생 교육에 큰 영향을 미치고 있다. 젊은이들에게는 피임권과 낙태권이 아니라, '생명은 자기 길을 간다(Life finds a way)'라는 분명한 대자연의 원리를 명확히 깨달을 수 있게 하는 생명에 대한 외경의 교육이 먼저 제공되어야 한다.

생명존중! 생명에 대한 예의

낙태 허용 주장의 사실과 거짓

"임신중단 합법화되어야만 합니다. 임신중절수술 90%는 임신 12주 이
내 시행, 6개월(22주) 미만 태아는 뇌 없음(=감각 ×), 강간으로 임신해
도 강간범이 강간을 인정 후 낙태에 동의해야 수술 가능, 자궁은 개인의
장기이며 국가가 개인의 몸에 대한 선택을 막는 것은 인권침해입니다."

낙태 합법화를 주도하는 한 여성단체가 지하철 2호선 강남역 화장
실에 붙여놓은 광고문이다. 표현의 자유가 보장된 사회에서 누구든
지 자기 의견을 자유롭게 주장할 수 있다. 그러나 그 내용은 사실에
근거해야만 한다.

'낙태 수술 90%는 임신 12주 이내 시행'을 살펴보자. 낙태죄가 폐
지된 국가라고 언론이 이구동성으로 말하는 미국과 유럽의 나라들
의 경우 그 기간이 대체로 12주며, 그 이후의 낙태는 불법이기 때문
에 낙태 수술의 90% 이상이 12주 이내에 시행된다. 정확한 사실은

이들 나라는 임신 초기에만 낙태를 제한적으로 허용한 것이지 낙태죄를 폐지하지 않았다. 12주는 1973년 낙태를 최초로 합법화한 미국의 로 대 웨이드(Roe vs. Wade) 판결에서 임의로 정한 것인데, 낙태 옹호론자들은 이를 금과옥조로 여기고 있다. 그 기저에 깔린 생각은 12주 이전의 태아는 사람이 아니라 세포덩어리에 불과하다는 반세기 전의 믿음인데, 이는 발생학과 영상의학이 증언하는 "수정된 순간부터 독립된 인간 생명이 시작된다."라는 과학적 사실과 배치되는 거짓 신념이다. 1973년은 초음파 장비도 발명되지 않았고 따라서 영상의학이 지금처럼 발전해 있지도 않았다.

'6개월(22주) 미만 태아는 뇌 없음(=감각 ×)'이라는 말도 따져보자. 임신 7주면 태아는 중추신경이 빠른 속도로 발달하고 머리가 몸 전체의 절반을 차지하는 이등신이 되면서 사람의 모습을 갖추게 된다. 임신 6주차에는 이미 심장이 생겨서 그 박동소리를 들을 수 있다. 엄마가 임신을 인식하기 어려운 6주 이전에 이런 생명 현상이 다 진행되는 것이다. 이는 명백한 과학적 사실이다. 그런데 이 단체는 6개월 미만의 태아는 뇌가 없으니 감각도 없고 그래서 낙태를 해도 된다는 허위 주장을 한다. 과연 뇌가 없는 사람이 태아일까? 아니면 다른 누구일까?

강간으로 임신해도 강간범이 동의해야 낙태가 가능할까? 낙태 허용을 명시한 모자보건법 14조에는 배우자(사실혼 관계 포함)의 동의 조항만 있지 강간범의 동의 조항은 없다. 법률을 정확하게 모르는 일반인의 분노를 촉발시키기 위한 선동용 거짓말이다.

"태아는 인간 생명인가?" "예"

태아는 여성이 원하기만 하면 조건 없이 제거될 수 있는 존재일까? 임신 14주차에 자연유산을 경험한 엄마가 페이스북에 아기의 사진과 함께 낙태는 살인 행위이며, 자궁 속 태아는 임신 주차나 크기에 상관없이 소중한 생명임을 강조하여 큰 공감을 불러일으킨 일이 있었다.

> "저의 소중한 아들이 배 속에서 14주 6일을 머물다가 세상을 떠났습니다. 아이의 몸은 완전히 형성되기 시작했고, 손가락과 발가락도 선명하게 볼 수 있습니다. 아이의 손가락에 난 손톱뿐 아니라, 연약한 몸속에서 혈관을 따라 흐르는 혈액도 보였습니다. 저의 마지막 부탁은 만약 여러분 중에 낙태를 생각하시는 분이 계신다면 다시 생각해 보시기 바란다는 것입니다. 누군가를 부끄럽게 하거나, 폄하하거나 혹은 비난하기 위해서 하는 말이 아닙니다. 세상에서 가장 사랑하는 배 속 아이를 사산한 여성이 다른 분들께 드리는 부탁입니다. 다른 선택지가 없다고 여기시는 분이 많다는 것은 알고 있지만, 말씀드리고 싶은 것은, 분명 그 선택이 나중에는 결국 후회스럽게 느껴지실 것입니다. 세상 그 누구보다 비참한 심정을 지니고 있는 저지만, 잠깐 동안이라도 아들의 짧았던 모습을 여러분과 나눌 수 있도록 해 준 하느님께 감사드리고 싶습니다."

이 엄마가 공개한 사산된 아들의 사진은 태아가 사람의 편의대로 처분할 수 있는 세포덩어리가 아니라 존중받아야 할 인간임을 명확

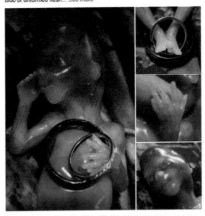

히 보여 주었고, 이는 과학적 사실과도 부합한다. 예수님은 "너희는 말할 때에 '예.' 할 것은 '예.' 하고, '아니오.' 할 것은 '아니오.'라고만 하여라. 그 이상의 것은 악에서 나오는 것이다."(마태오 5:37)라고 하셨다. '태아가 인간 생명인가?'라는 질문에는 '예', '태아를 죽여도 좋은가?'라는 질문에는 '아니오'밖에 나올 답이 없다.

그런데 낙태허용을 주장하는 쪽은 그 이상의 말을 한다. 그 게시 판에는 "낙태한 유충 비빔밥 해먹고 싶노, 간장에 들기름 살짝 넣어 서 ×× 비벼서 먹으면 개꿀일 듯. 더우니까 냉면으로 해먹어도 괜 찮겠노."라는 글이 있다.

'유충'은 무엇일까? 태아다. 언어에는 세계관이 담기는데, 이들은 사람을 벌레로 격하시킨 것이다. "미혼모와 사생아는 있지만, 도망간 남자를 뜻하는 말은 없다. 그래서 준비했습니다. 함흥××. 임신중단권리는 여성의 기본권" 이들이 제작한 포스터다.

양육비 책임법이라는 분명한 대안이 있음에도 불구하고, 여성의 절박한 처지라는 사실만 부각시켜서 책임이라는 본질을 흐려 버린다. 이들에게서 양심과 예의를 찾기 어렵다. 이것이 바로 예수님이 말씀하신 악(惡)이다.

태아가 보내는 살려 달라는 메시지

스물네 살 사랑이라는 감정에 휩쓸렸던 그때, 연애를 한 지 일 년이 채 되기도 전에 피임을 했음에도 불구하고 아이가 생겼다. 남친에게 이 사실을 알렸다. 남친은 아무런 감정 표현 없이 산부인과에 함께 가보자 했고, 나는 걱정과 불안함으로 잠을 이룰 수 없었다. 초음파로 임신을 확인하자 그제서야 기쁨을 표현한 남친은 결혼을 하자고 했다.

그러나 결혼을 하려면 부모님께 이 사실을 알려야 했고, 부모님께 혼이 날 걱정에 마음만 졸이고 있었다. 그러던 어느 날 산후조리를 위해 친정에 와 있던 둘째 언니와 큰언니와 함께 잠을 자고 있는데, 어머니께서 급하게 들어오시더니 "내가 지금 태몽을 꿨는데, 임신한 사람이 큰애 너냐? 아니면 둘째 너냐?"라는 질문을 하시면서 꼭 낳으라고 하시는 것이었다. 그때 큰언니는 둘째 딸을 낳은 지 6개월이었고, 둘째 언니는 산후조리 중이었으므로 이 둘은 서로 나는 아니라며 손사래를 쳤다. 잠결에 이야기를 들은 나는 '드디어 때가 되었구나!' 싶어 어머니가 방을 나가시

자마자 언니들에게 혼이 날 각오로 사실을 알렸다. 어머니의 꿈을 듣고 난 후여서 언니들은 잘되었다며 엄마에겐 언니들이 잘 얘기할 테니, 걱정 말고 결혼하라고 이야기해 주었다.

만일 남친이 나쁜 사람이어서 생명을 포기할 것을 강요했거나, 모른 척 했다면? 임신 사실을 부모님께 말 못하고 끙끙거린 시간이 더 지속되었다면? 어머니께서 태몽을 꾸지 않았다면? 그래서 언니들에게 도움을 받지 않았다면 어땠을까? 그때를 생각하면 정말이지 지금도 아찔하다. 천만다행으로 그때 결혼을 하였고, 아들을 낳았다. 그 후로도 하느님께서 당신의 창조사업에 동참하게 하시어 둘째와 셋째를 선물로 주셨다. 지금은 2남 1녀의 엄마로 열심히 살아가고 있다.

태아는 수정 순간부터 인간이며 동시에 하느님에게서 온 영적 존재라는 사실이 위 사례를 통해서 여실히 확인되었다. 임신 사실을 공개하지 못하고 조마조마한 마음으로 살고 있었던 엄마를 대신해서 배 속 아기가 외할머니에게 엄마를 나무라지 말고 나를 환영해 주고 그래서 내가 태어날 수 있게 해 달라고 꿈을 통해서 메시지를 보낸 것이다. 어떤 이유로도 이 소중한 존재가 죽임을 당해서는 안되고, 그 사태를 방치해서도 안 된다. 이것이 생명에 대한 최소한의 예의다. 그리고 이 시대의 성교육은 어린이 청소년들에게 생명에 대한 깊은 영적 감수성을 가르칠 수 있어야 한다.

낙태와 모든 악의 뿌리인 돈을 사랑하는 마음

페미니즘, 낙태 합법화의 표면

"왜 우리는 낙태약을 자판기에서 살 수 없을까?"

"① 정말 놀랍게도 24년을 살면서 이 약(미프진-낙태약)을 교과과정에서도 배운 적이 없고, 어머니가 가르쳐 주신 적도 없고, 아버지가 가르쳐 주신 적도 없고, 저와 섹스하는 파트너들도 가르쳐 주지 않았습니다."

"② 저는 개인적으로 이 약을 작년에 처음으로 알게 되었어요. 낙태가 끔찍한 것이라고 이야기하면서 수술을 통한 임신중단만 생각하잖아요? 미프진을 통해 훨씬 간단하고 안전하게 임신중단을 할 수 있는 방법이 있다는 것을 알리고 싶었습니다. 현재는 원치 않는 임신을 중단하려면 결국엔 불법적인 방법을 찾을 수밖에 없고요. 안전한 임신중단을 하려면 결국은 임신중단이 합법화돼야 한다고 생각합니다."

"국가는 내 몸에 신경 꺼!"

낙태 합법화를 주장하는 페미니즘 단체가 만든 낙태약 자판기 퍼포먼스 영상이다. 경쾌한 음악을 곁들인 살인의 메시지가 SNS를 통해서 널리 공유되고 지지받는다는 사실이 충격적이다.

①의 여성은 '내가 다수의 남성들과 성관계를 하고 있는데, 섹스에서 쾌락만 얻고 싶기 때문에 임신을 하더라도 절대 출산은 하지 않겠다.'라는 생각을 가지고 있다. 임신을 했는데 남친이 도망쳐서 절박하게 낙태가 필요하다고 주장하는 게 아니라, 임신과 출산을 전혀 생각지 않아도 되는 즐거운 성적 쾌락을 위해서 낙태약이 합법화되어야 한다는 논리다. 낙태약을 감기가 걸리면 얼마든지 자유롭게 약국에서 사먹을 수 있는 감기약 수준으로 생각하고 있고, 그것이 옳다고 주장하고 있다.

②의 여성은 안전한 낙태라는 존재할 수 없는 환상이 낙태약을 통해 가능하다고 믿고, 태아만 죽이고 내 몸은 상하지 않는 비법을 원한다. 미국, 캐나다 등에서 이 낙태약을 복용하고 사망한 여성의 사례가 적지 않게 보고되고 있지만, 이런 진실의 소리는 들으려고 하지 않는다. ①과 ②의 두 사례는 엄청난 자기중심성이면서 동시에 오직 나만을 고집하며 내 뜻대로만 살겠다는 악(惡)인데, 이런 악이 과연 페미니즘만의 주장일까?

돈, 낙태 합법화의 이면

낙태가 임신 초기에 합법화되고 낙태약도 그 사용이 가능하도록 대한민국의 형법이 개정된다면 최대 수익자는 누구일까? 의료 산업과 제약자본이다. 산부인과 의사회는 한국의 한 해 낙태 건수를 100

만 건(하루 3,000건)으로 추정한다.(연합뉴스 2017.1.24.) 한 해 출산이 약 30만 정도임을 고려하면 낙태로 죽는 아기가 3배 이상 많은 것이다. 이 정도면 세계 최고의 낙태 건수다. 한국보다 인구가 훨씬 더 많고 낙태 통계가 정확하게 잡히는 미국도 한 해 100만 건을 넘지 않는다. 현재 음성적으로 유통되는 낙태약의 가격이 수십만 원인데, 이것이 한 해 100만 개씩 팔린다면 제약자본은 한국에서 해마다 천문학적 수익을 올릴 수 있다.

　유럽의 일부 국가에서는 낙태약 판매가 허용되어 있지만, 그 나라에서는 이 약의 수요가 폭증하지 않는다. 왜 그럴까? 임신 초기에 낙태가 허용되어 있지만 그 조건이 매우 까다롭고 철저하게 지켜지기 때문에 상담과 숙려기간을 보내는 동안 낙태 허용 기한이 지나 버린다. 또한 그들 나라에는 양육비 책임법과 책임의 성문화가 정착되어 있어서 임신하면 대체로 출산을 하기 때문이다. 이들 나라에서는 여성들이 굳이 낙태를 선택할 이유가 없는 것이다. 그런데 우리나라는 양육비 책임법도 없고 책임의 성교육도 없는 상황에서 무분별한 성관계를 중학생 때부터 하고 있기 때문에 낙태 수요가 한 해 100만 건씩 지속적으로 발생한다. 더군다나 한국은 세계 10위권 경제 대국으로, 구매력과 무책임한 성문화를 동시에 가진 나라이기 때문에 제약산업이 노리는 가장 좋은 시장일 수밖에 없다. 10대 청소년부터 성생활을 하는 나라는 남미나 아프리카의 저개발 국가에도 많지만 구매력이 없기 때문에 제약자본은 이들 나라에 가서 낙태약 합법화를 추진하지는 않는다. 이것이 바로 한국에서 낙태약 합법화 여론이 조장되는 근본적인 이유다. 악은 결코 홀로 활동하지 않는다.

또 낙태수술 후 나오는 태아의 장기는 밀거래의 대상이다. 미국의 낙태찬성단체인 가족계획연맹(Planned Parenthood)의 임원이 태아의 장기를 흥정하는 장면이 2015년 동영상으로 공개되어 사회에 큰 충격을 준 적이 있다. 낙태가 표면적으로는 페미니즘 단체와 언론에 의해서 여성의 인권인 듯 언급되지만 낙태와 관련된 자본의 개입은 분명한 사실이다.

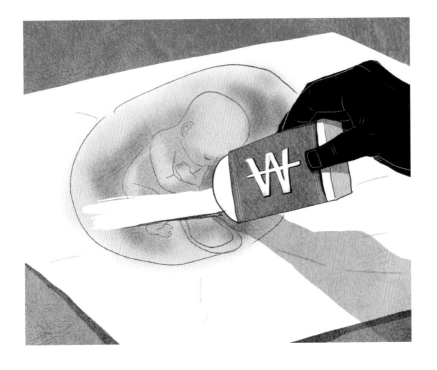

자본의 논리가 가려 버리는 낙태 문제의 본질

헌법재판소에서 2019년 4월 11일에 낙태죄 헌법불합치 판정을 내렸다. 언론에서는 이를 낙태죄 폐지라고 보도했는데, 이는 전혀 사실과 부합하지 않는 의도적 오보다. 헌법재판소의 결정문은 형법에서 낙태를 금지하고 처벌하는 것 자체가 모든 경우에 헌법에 위반된다고 보지 않았고, 다만 낙태를 허용하는 시기와 그 방법 등의 세부사항을 다시 정하라는 명령을 했을 뿐이기 때문이다.

> 태아의 생명을 보호하기 위하여 낙태를 금지하고 형사처벌하는 것 자체가 모든 경우에 헌법에 위반된다고 볼 수는 없다. 그런데 자기낙태죄 조항과 의사낙태죄 조항에 대하여 각각 단순위헌 결정을 할 경우, 임신 기간 전체에 걸쳐 행해진 모든 낙태를 처벌할 수 없게 됨으로써 용인하기 어려운 법적 공백이 생기게 된다. 입법자는 위 조항들의 위헌적 상태를 제거하기 위해 낙태의 형사처벌에 대한 규율을 형성함에 있어서, 낙태 결정가능기간을 어떻게 정하고 언제까지로 할 것인지, 태아의 생명 보호와 임신한 여성의 자기결정권의 실현을 최적화할 수 있는 해법을 마련하기 위해 일정한 시기까지는 사회적, 경제적 사유에 대한 확인을 요구하지 않을 것인지 여부까지를 포함하여 입법재량을 가진다.
> 따라서 자기낙태죄 조항과 의사낙태죄 조항에 대하여 단순위헌 결정을 하는 대신 각각 헌법불합치 결정을 선고하되, 다만 입법자의 개선입법이 이루어질 때까지 계속적용을 명하는 것이 타당하다. 입법자는 늦어도 2020년 12월 31일까지는 개선입법을 이행하여야 하고, 그때까지 개선입법이 이루어지지 않으면 위 조항들은 2021년 1월 1일부터 효력을 상실한다.(헌법재판소 낙태죄 헌법불합치 선고 결정문)

이에 따라 국회에서는 2020년 12월 31일까지 낙태죄의 형법 세부 조항을 개정해야 하는데, 임신 초기의 낙태가 형법 안에서 여러 조건을 충족시키는 경우 허용된다면 현재 인터넷 카페나 메신저로 은밀하게 퍼지는 무수한 낙태광고가 미국처럼 수면 위로 드러날 것이다.

"낙태는 축복이다.", "낙태는 가족을 더 사랑으로 돌보는 방법이다.", "낙태는 어린 학생들에게 맘 놓고 졸업할 수 있는 기회도 제공한다."는 미국의 대형 낙태 클리닉이 도로변에 내건 광고판인데, 낙태라는 악을 선으로 둔갑시켜 놓았다.

절박한 처지의 여성이나 학업을 지속해야 하는 소녀들에게는 이 광고가 저항하기 어려운 유혹으로 파고드는데, 우리나라에도 이런 광고가 등장하면서 미국처럼 낙태가 합법적 거대 산업으로 자리를 잡을 가능성이 매우 높다. 일찍이 2001년에 이미 낙태된 태아의 사체가 제약회사 공장에서 발견되었다는 보도가 있었고, 기자의 마지막 보도 멘트는 "한 해 우리나라에서 일어나는 낙태나 사산 건수는 100만 건이 넘습니다. 그러나 그 사체에 대한 관리는 사각지대에 놓

여 있습니다."였다.(2001.1.5. MBC 카메라 출동)

상식적으로 생각해서 매해 100만 건씩 동일 종목으로 시행하는 의료행위가 낙태 말고 무엇이 있겠는가? 한국에서 낙태는 엄청난 돈이 걸려 있는 장사이기 때문에 의료 산업과 제약 산업은 낙태와 낙태약에 의료보험을 제공하라고 여성단체와 언론을 통해서 압력을 행사할 것이다. 이것이 낙태의 이면에 있는 추악한 현실이며 악이 거대구조를 형성해서 활동하는 방식인데, 한국의 주류 언론은 이런 사실을 거의 언급하지 않는다.

그렇다면 낙태와 관련된 진실은 무엇일까? 낙태를 합법화하려는 사람들이 애써 거부하고 은폐하려는 내용이 낙태의 진실이다. 첫째는 태아가 인간 생명이라는 과학적 사실이고, 둘째는 한국의 낙태논쟁은 낙태 합법화가 아니라 국가와 남성의 책임을 묻는 양육비 책임법의 제정으로 해결 가능하다는 사실이다. 프로초이스 단체와 왜곡된 언론은 여성의 절박한 처지라는 표층 현상만을 강조하면서 낙태의 가장 밑바닥에 있는 본질인 책임의 문제를 대중들이 인식하지 못하도록 가려 버린다.

성관계를 돈벌이로 삼은 대가

방송연예 산업은 젊은 세대에게 '섹스는 게임'이라는 가치관을 주입하여 성관계를 부추겼고, 피임 산업과 그와 연계된 단체는 성관계의 장으로 뛰어드는 청소년과 청년들에게 콘돔과 피임약만 사용하면 임신의 문제가 해결된다는 환상을 주입하는 교육을 했다. 완벽한 피임이란 존재할 수 없기 때문에 수많은 젊은이들이 낙태의 늪에 빠졌는데, 제약 산업, 의료 산업, 여성단체는 이 문제를 낙태합법화로 해결해야 한다고 입을 모은다. 이 모든 일련의 상황은 '돈을 사랑하는 것이 모든 악의 뿌리'(티모테오1 6:10)임을 여실히 보여 준다. 돈 뒤에 숨어 있는 악이 성관계를 철저하게 돈벌이 수단으로 활용하면서 인간을 고통의 구렁텅이로 빠뜨려 놓고 인간 생명을 죽이는 것이 해결책이라고 강요하는 것이다.

> "분단국가 인민은 분단 그 자체가 아니라 그 분단을 이용하는 자들에 의
> 해 더 고통받는다. 내래 개성에서 그 고통이 뭔지 직접 봤소."

영화 〈강철비〉의 북한군 특수요원 엄철우(정우성 분)의 명대사다. 우리가 낙태죄 논쟁의 심층과 본질을 볼 수 있다면, 엄철우와 같은 통찰을 얻을 수 있다.

> "돈이 지배하는 사회의 젊은이들은 성관계 그 자체가 아니라, 그 성관계
> 를 상업적으로 이용하는 자들에 의해 더 큰 고통을 받는다. 나는 지금 낙
> 태죄 논쟁의 한가운데에서 그 고통이 뭔지 직접 봤소."

낙태죄가 폐지된 나라는 없다

'도망간 남자'에 대한 페미니즘의 해결책? 낙태

"싸고 튄 남자는 무죄. 여자만 유죄? '미혼모'와 '사생아'는 있지만 '도망 간 남자'를 뜻하는 말은 없다. 그래서 준비했습니다. '함흥××' 당신의 코 를 꿰는 감동 검색창 XXX. 임신중단의 권리는 여성의 기본권. 여성의 자 궁을 나라가 관여하지 말고 좀 꺼져라. 정 처벌하고 싶으면, 싸튀충 한국 남자나 잡아쳐넣으면 제일 쉽게 해결될 텐데?"

2018년 7월 성체모독 사건과 낙태된 남아의 사체 훼손 사건을 일 으킨 단체가 만든 포스터 문구다. 험악한 언어지만 새겨들어야 할 진실도 있다. 임신의 당사자는 남녀 모두인데, 현행법상 여성에게만 모든 책임이 전가된다는 현실은 대다수의 사람들을 분노케 하는 차 별이기 때문이다. 이 문제를 페미니즘 단체는 낙태죄 폐지로 해결하 자는 주장을 했고, 신문방송은 이 목소리만 증폭시켰다.

이런 낙태권 요구는 2017년 5월 대통령 선거에서 강력한 이슈로 등장했고, 정의당 심상정 후보는 "형법의 낙태죄 폐지로 낙태를 비범죄화하고, 낙태허용조항에 사회경제적 사유를 추가하겠다."(한국천주교 주교회의 정의평화위원회 질문에 대한 답변)라는 공약을 내걸면서 여성단체의 전폭적인 지지를 받았다. 남자가 임신만 시켜 놓고 도망쳐 버리는 억울한 상황을 낙태로 해결하도록 법을 개정하라는 것이 한국만의 독특한 낙태권 요구 현실이다.

'도망간 남자'에 대한 범세계적 해결책? 양육비 책임법

그런데 이는 본래 낙태가 아니라 책임으로 예방해야 할 문제다. 유럽의 모든 선진국에서는 히트 앤드 런(hit and run)이 낙태 사유가 되지 않는다. 그 나라들은 남성에게 아버지로서의 책임을 묻는 법을 강력하게 시행하기 때문에 임신초기에 낙태가 허용되어 있지만, '도망간 남자'의 사유로 낙태할 일이 거의 없다.

무엇이 국가의 우선적 책무일까? 낙태권 보장일까? 여성에게 출산과 양육에 대한 지원을 충분히 제공하고, 남성에게는 구상권을 발동해서 그 비용을 받아내고, 책임을 회피하면 여권정지, 운전면허정지, 벌금, 구속, 채권추심, 사업자면허취소 등의 벌칙을 부과하는 것일까? 이는 초등학생도 그 정답을 말할 수 있는 쉬운 문제다. 그런데 한국에는 양육비 책임법이 없고, 국민들은 이 법의 존재 자체를 모른다. 그렇다면 언론이 이 법을 홍보하여 건강한 토론을 유도하고 생명수호 여론을 조성해야 하는데, 낙태죄 폐지를 지지하는 편향된 보도만을 반복했다. 또 대선후보까지 이를 공약으로 내세웠기 때문에 낙태합법화가 마치 남녀평등과 정의의 실현이고 낙태를 합법화해야만 우리나라가 선진국이 되는 것처럼 왜곡돼 버렸다.

유럽은 정말 낙태 자유지대인가?

여성단체와 언론은 유럽 대다수의 국가가 심지어 가톨릭 국가인 아일랜드까지도 낙태죄를 폐지했다고 주장하는데 과연 사실일까? 아일랜드에서는 태아의 심장박동이 확인될 경우 산모가 위중하더라도 낙태가 절대 불가했고, 이로 인해 산모가 사망했기 때문에 임신 초기에만 낙태를 허용하는 헌법개정안이 국민투표로 가결된 것뿐인데, 한국 언론이 이를 낙태죄 폐지로 호도한 것이다.

독일, 네덜란드 등 한국 언론이 낙태죄 폐지 국가로 분류한 나라의 낙태는 한국에서보다 훨씬 까다롭다. 유럽의 거의 모든 나라에서는 임신 초기(10주~12주)에만 엄격한 조건을 충족시킬 때 낙태가 허용된다. 독일은 12주 이내에만 허용되며 형법에 상담규정까지 포함되어 있다. 아래는 독일 형법 219조의 내용이다.

(1) 상담은 태아를 보호하는 역할을 해야 한다. 상담은 여성이 임신을 계속하고 아이와 함께 하는 삶에 자신의 마음을 열 수 있도록 장려해야 한다. 상담은 여성이 책임감 있고 양심적인 결정을 하도록 도와야 한다. 여성은 태아가 모든 임신상황에서 산모와 관련해서도 태아 자신만의 고유한 생명권을 가지고 있다는 것을 알아야 한다. 그런 까닭에 낙태는 예외적인 상황에서 법적 절차 안에서만 고려해야 한다. 그 예외상황은 임신을 지속하는 것이 산모에게 합리적 희생의 범위를 넘어서는 너무나 심각하고 막대한 부담을 가져오는 경우이다. 충고와 원조를 통하여, 상담은 임신과 관련한 갈등 상황을 극복하고 위기 상황을 치료할 수 있도록 도와야 한다. 자세한 사항은 '갈등상황에서의 임신에 관한 법률'에 의한다.

(2) 상담은 공인된 임신갈등상담사에 의해서 '갈등상황에서의 임신에 관한 법률'에 따라 행해져야 한다. 상담의 결론이 나면, 상담사는 임산부에게 확인증을 발급해 주어야 한다. 그 확인증에는 '갈등상황에서의 임신에 관한 법률'에 따라 마지막 상담 날짜와 산모의 이름이 기재되어야 한다. 낙태를 수행하는 의사는 상담자가 될 수 없다.
('낙태죄 규정에 관한 국가별 검토' 유지홍, 한국 천주교 주교회의 교육위원회 2018년 정기세미나자료집)

꼼꼼하게 규정된 낙태 조건을 지키면서 낙태를 하지 않도록 하는 방향의 상담과 숙려 기간을 거치다 보면 12주가 지나기 때문에 실제적으로 낙태가 이루어지는 경우가 많지 않다. 허용 기간 이후에 발생하는 낙태는 철저하게 조사해서 법으로 강력하게 처벌한다. 이것이 우리나라의 유명무실한 법집행과 독일이 확연히 다른 점이다.

　네덜란드는 상담과 숙려 기간을 필수적으로 갖도록 하고, 국가가 지정한 12개 진료소에서만 수술을 허용하는데, 의사와 만나려면 3주 이상이 걸리고, 수도인 암스테르담에는 아예 낙태 시술소가 없다. 낙태합법화의 주장이 거세기 때문에 국가가 임신 초기에 낙태를 허용하지만, 그 절차를 불편하게 만들어서 결국에는 출산의 길을 가도록 국가가 유도하는 측면도 있고, 유럽의 무상 의료 시스템이 우리나라와 비교하면 엄청나게 그 속도가 느리기 때문에 낙태를 할 수 있는 기간을 놓치는 경우가 많은 것이다. 폴란드는 강간으로 인한 임신도 낙태가 절대 불가했었는데, 최근에 이 규정이 완화되었다. 그러니까 정리하면 유럽은 낙태에 바늘구멍이 열린 것뿐이다. 그래서 유럽에서는 국가의 규제와 의사의 개입 없이 여성이 혼자 집에서 낙태할 수 있게 하는 우편물로 배송되는 낙태약의 합법화가 일찍 시작된 것이다. 한국보다 낙태하기가 훨씬 더 어려운 유럽 국가를 낙태죄 폐지국으로 분류하여 세상을 속이는 언론과 여성단체는 깊은 반성을 해야 한다.

악에서 선으로 가는 멀고도 험한 길

　유럽에서 낙태의 틈이 열리는 사유와 한국에서 모든 낙태를 합법화하라고 주장하는 사유는 완전히 다르다. 유럽은 강간이나 산모가 위중한 상태 등의 딜레마 상황이 낙태 허용논의를 촉발시킨 반면, 한국은 책임의 제도로 얼마든지 예방 가능한 히트 앤드 런(hit and run) 때문에 낙태죄를 폐지해야 한다는 비상식적 여론이 들끓었고, 한국의 신문방송은 이 중대한 차이를 고의적으로 간과하면서 낙태 허용으로만 힘을 실어 주고 있다. 이 상태에서 헌법재판소가 낙태죄의 헌법불합치 결론을 냈기 때문에, 한국은 양육비 책임법 없이 낙태가 허용되는, '도망간 남자'의 문제를 낙태로 해결하라고 길을 터 주는 세계 최초의 국가가 될 가능성이 매우 높아졌다. 이 상황에서 한해 100만의 무죄한 아기가 합법적으로 살해당하는 것을 조금이라도 막으려면 위에서 본 독일의 경우처럼 새로 개정될 낙태 관련 형법 안에 낙태 허용의 기준을 꼼꼼하게 규정하고, 생명을 살리는 방향으로의 상담과 숙려 기간을 필수적으로 가지게 해야 한다.

이 명백한 악의 증식을 촉발시킨 장본인은 남자들이다. 따라서 이 문제는 남자들이 해결해야만 한다. 개인적 차원에서는 동물적 욕망만을 만족시키려는 악(惡)에서 벗어나서 책임을 다하는 선(善)으로 옮겨 가는 남성이 늘어나야 하고, 사회적 차원에서는 남성 지도자들이 양육비 책임의 법제화를 선언해서 상처받은 여성들을 감싸 안고 치유해야 한다. 밀턴은『실락원』에서 "악에서 선으로 가는 길은 멀고도 험하다."라고 했다. 그래도 우리는 그 멀고도 험한 길을 가야만 한다.

생명을 살리는 이 시대의
파스카(pascha)를 위하여

죽음에서 생명으로의 건너감 - 영화 〈덩케르크(Dunkirk)〉

  1940년 2차 세계대전 당시 독일군이 프랑스를 점령했고, 40만의 영불 연합군이 프랑스 북부해변 덩케르크에 고립된다. 독일 전차부대가 밀고 들어오면 전부 몰살당하거나 포로로 잡히는 절체절명의 위기인데, 이때 갑자기 히틀러가 전차부대의 진격을 멈춘다. 히틀러가 막강 전력의 탱크를 왜 세웠는지 알 수 없지만 그 덕분에 대규모 철수 작전이 전개될 수 있었다. 영국 정부는 모든 무기와 장비를 버리고, 젊은이들만 배에 태워서 도버해협을 건너는 작전을 실행했다.

  이 작전이 성공한 이유는 죽음의 땅에 갇혀 있던 젊은이들이 생명의 땅으로 건너올 수 있도록 하늘과 바다에서 길을 열어 주었던 사람들의 희생 덕분이다. 군함만으로는 30만이 넘는 젊은이들을 건네줄 수 없기 때문에 영국 정부는 민간 선박을 징발했고, 해군에 배만 내어주면 되는데도 수많은 민간인들이 죽음의 위험을 무릅쓰고 배를 직접 몰고 와서 군인들을 태웠다. 영국 공군은 수송선단을 보호하기 위해 독일 폭격기와 싸우면서 막대한 피해를 입었다. 생명을 살리기 위한 이 처절한 싸움에 대한 문화적 기록이 영화 〈덩케르크〉다.

이 영화에서는 영국 전투기 스핏 파이어(spitfire) 세 대가 덩케르크 해변으로 출격한다. 편대장은 덩케르크에서 40분 교전할 연료량을 확보하고, 교전 중에도 연료량을 확인해서 안전한 복귀가 가능케 하라는 명령을 한다. 첫 교전에서 적기 1기를 격추했지만 편대장도 격추당해서 전사하고, 1호기는 연료계가 파손된다. 연료량을 알 수 없기 때문에 2호기에게 수시로 물어서 시간과 연료량을 분필로 적는다. 독일 폭격기 편대를 새로 만나 교전하는 중 2호기가 격추당해 추락하면서 연료량을 알려주자, 1호기는 폭격기와 호위기를 따라가서 호위기만 격추하고 곧바로 기수를 돌린다. 전투를 이어가면 연료 부족으로 복귀가 불가능하기 때문이다.

덩케르크를 떠나며 조종사는 영국 구축함 쪽으로 접근하는 독일 폭격기를 보여 주는 백미러와 분필로 적어 놓은 연료량을 위아래로 번갈아 보면서 극도의 갈등을 겪는다. 숨을 거칠게 몰아쉬다가 기수를 돌려서 다시 덩케르크로 유턴한다. 기지로 복귀하지 않고, 연료가 다 떨어져서 전투기가 추락할 때까지 싸우다가 죽겠다는 결정을 한 것이다. 몰살 위험에 있는 수많은 생명을 구하기 위해서 자신을 완전히 버리는 이 숭고한 선택이 깊은 감동을 준다. 영화 〈덩케르크〉의 핵심 주제를 응축하고 있는 명장면이다.

조종사가 천신만고 끝에 폭격기를 격추시키지만, 덩케르크 해변의 상공에 도착하자 프로펠러가 멈춘다. 연료가 바닥이 난 것이다. 배를 타기 위해 늘어서 있는 수많은 젊은이들이 프로펠러가 멈춘 자국의 전투기를 멍하니 보는 그 순간, 독일 전투기가 폭격을 위해 급강하하자, 1호기는 엔진이 멈춘 상태로 활공하면서 무방비 상태의 생명들을 공격하는 적기를 격추해서 수장시킨다. 공포에 질려 있던 수많은 군인들이 환호하지만, 동력이 없는 1호기는 독일군 점령 지역으로 기류를 타고 흘러가서 불시착하고 조종사는 포로로 잡힌다. 그는 사지(死地)에서 생지(生地)로 사람들을 건너가게 해 주기 위해서 자신의 모든 것을 다 바쳐서 싸운 것이다.

살길을 열어 주는 희생 제사

이처럼 사람들을 죽음의 땅에서 생명의 땅으로 건네주기 위해서는 자신을 희생하는 존재가 필요하다. 구약에서는 흠 없는 어린 양의 목숨을 바침으로써 이스라엘 백성이 홍해를 건너 죽음에서 생명으로의 구원(파스카)을 체험할 수 있었고, 신약에서는 그 파스카 희생양의 역할을 예수님이 하시면서 인류를 죽음에서 생명으로 건너가게 해 주셨다. 살려 달라는 간절함과 희생 제물이 동시에 갖추어질 때 죽임에서 살림으로의 대전환이 일어나는 것이다.

> "적의 공세로 영국과 프랑스의 군대가 해안으로 밀려났다. 그들은 덩케르크에 갇혀서 자기 운명을 기다리고 있었다. 구원되기만을 곧 기적만을 바라고 있었던 것이다."

영화 〈덩케르크〉 시작부에 자막으로 제시되는 배경 설명이다. 이

집트 병거에 쫓겨 홍해 앞에서 고립되어 바닷길이 열리길 간절히 소
망했던 이스라엘 백성들처럼 독일 탱크에 해변까지 쫓겨온 그들은
도버해협을 건너기를 간절히 원했고, 하늘과 바다에서 자신을 희생
하는 어린 양과 또 다른 그리스도(alter Christus)들이 나타나서 그
살림의 기적을 완성했다.

　이처럼 인류 역사는 죽이는 자와 살리는 자 사이의 끊임없는 대결
이었고, 이 시대에는 낙태라는 대살육의 전차가 태어나지 않은 아기
들을 사선(死線)으로 거세게 몰아붙이고 있다. 태아들은 살기를 간
절히 원한다. 그러나 죽음의 위험을 무릅쓰고 이 아기들을 생명의
땅으로 건네주겠다는 희생양과 또 다른 그리스도들이 영화 〈덩케르

크〉에서처럼 나타나지 않는다면 엄청난 수의 인간 생명이 몰살당할 것이다. 우리의 모든 것을 바쳐서 태어나지 않은 아기들을 보호하는 일, 이것이 그리스도인이 완성해야 할 이 시대의 파스카 제사고, 예수님도 그리로 우리를 부르신다.

> "내 편에 서지 않는 자는 나를 반대하는 자고, 나와 함께 모아들이지 않는 자는 흩어 버리는 자다."(루카 11:23)

구원을 위한 희생

흠 없는 사람만 이 일을 할 수 있는 건 아니다. 술과 여자를 좋아하고 나치에게 협력해서 회사를 키우는 교활한 사업가 쉰들러도 냉혹한 학살의 현장을 목격한 후 양심의 소리를 듣고, 아우슈비츠로 끌려갈 사람들을 구하기로 결심한다. 쉰들러는 뇌물을 줘서 사람을 빼냈는데, 자신의 사업 수완인 뇌물을 생명을 살리는 선한 쪽으로 그 방향만 정반대로 바꿔서 사용한 것이다. 돈과 쾌락에 집착하며 살던 사람이 전 재산을 털어서 1,100명의 생명을 구했고, 그렇게 작성된 쉰들러 리스트는 오히려 쉰들러를 정화시키면서 그의 이름을 하느님 생명의 책에 기록되게 해 주었다. 자신이 목숨처럼 소중히 여겼던 돈을 생명을 구하기 위해 아낌없이 포기했기 때문이다.

600만 명이 넘는 사람들이 학살될 때 쉰들러는 1,100명의 생명을 살렸다. 비율로 따지면 미미하고 그래서 쉰들러의 선한 행동이 무의미해 보일 수 있다. 그러나 사람은 절대 비율로 계산할 수 없는 소중한 존재이기 때문에 쉰들러는 이 일을 하면서 한 사람 한 사람의 이름을 기억하고 부르며 전 재산을 기쁘게 탕진했고, 그 덕분에 살아남은 사람들은 "한 생명을 구하는 것은 전 세계를 구하는 것이다.(Whoever saves one life, saves the world entire.)"라는 탈무드의 격언을 새긴 반지를 쉰들러에게 선물했다.

지금은 낙태로 한 해 약 100만 명이 살해되는 시대다. 내가 손 내밀어서 구할 수 있는 생명 하나가 비율로 따지면 미미하고 거대한 죽음의 파도 앞에 내 작은 노력이 무의미해 보인다는 유혹에 넘어가서 주저앉아서는 안 된다. 쉰들러처럼 큰돈을 쓰지는 않더라도 우리가 가진 작은 능력 하나하나를 보태서 우리도 이 거대한 죽음의 시대에 쉰들러 리스트와 같은 우리만의 작은 리스트를 만들어야 한다.

생명수호는 양심의 소리를 듣는 누구든지 자기 달란트로 실행하여 결국 자신이 구원되는 파스카 제사다. 낙태 위기의 태아들을 죽음에서 생명으로 건네주고, 그 파스카로 자신도 생명을 얻는 수많은 1호기 조종사와 쉰들러들이 한국 사회에 나오기를 간절히 기도한다.

"진리를 위해 죽기까지 싸워라. 주 하느님께서 네 편을 들어 싸워주시리라."(집회서 4:28)

식별력과 책임의
성교육

ⓒ 이광호, 2024

초판 1쇄 발행 2024년 5월 10일

지은이   이광호
펴낸이   이기봉
편집   좋은땅 편집팀
펴낸곳   도서출판 좋은땅
주소   서울특별시 마포구 양화로12길 26 지월드빌딩 (서교동 395-7)
전화   02)374-8616~7
팩스   02)374-8614
이메일   gworldbook@naver.com
홈페이지 www.g-world.co.kr

ISBN   979-11-388-3115-4(03230)